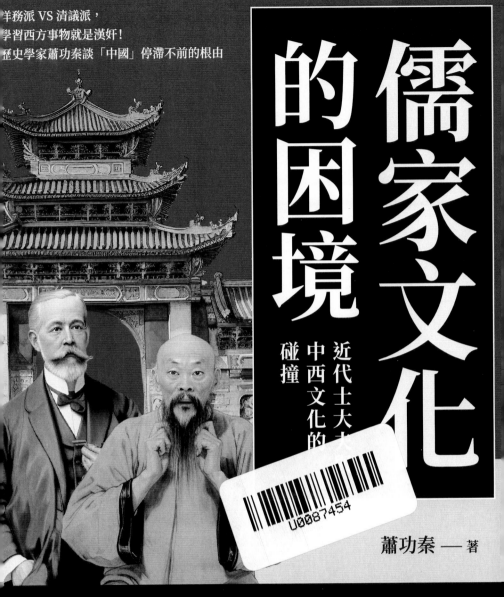

洋務派 VS 清議派，
學習西方事物就是漢奸！
歷史學家蕭功秦談「中國」停滯不前的根由

儒家文化的困境

近代士大夫中西文化的碰撞

蕭功秦 —— 著

清末是中國歷史上最血腥、痛苦的一段歷史，
封閉的古老帝國，被機槍與輪船殘暴地打開。

直到心愛的圓明園被焚毀前，帝國的人們只在乎

—— 洋鬼子為什麼不下跪？

兼具學術性與可讀性，史學權威帶您看見真正的清末危機；
融合史學與心理學，跨領域研究初試啼聲之作！

目錄

目錄

第六章
國粹主義的最後一戰
── 幻覺中的勝利與現實的悲劇

序言

十九世紀中葉以後，儒家文化有史以來第一次面臨另一種更強而有力的外來文化咄咄逼人的挑戰，此後半個世紀，中國就一步步地陷入到了近代民族危機之中，這種危機是如此的深刻而緊迫，數代人為此付出的代價是如此的慘重。這些早已經是人們從近代歷史中熟知的內容。

但從兩種文化碰撞與衝突的角度來看，人們自然會思考一個問題：作為傳統儒家文化的主要展現者，中國近代的正統士大夫是怎樣認識、理解和對待西方資本主義文明的？他們為什麼不能成功地應付來自西方文化的挑戰？他們應付過程的種種失敗，對民族危機的形成和發展，究竟產生了什麼樣的影響？

在披閱近代史料的時候，人們不時會發現一些離奇而又發人深省的現象。例如，為什麼像王闓運這樣的近代大學者，在甲午戰爭失敗的冷酷現實面前，竟會發出鐵甲船和洋炮是「至拙至愚之器」的迂腐言論？為什麼同治時代、光緒時代的大多數士大夫，對於鴉片流毒可以視若無睹，聽之任之，一聞修造鐵路，便會憤憤然群起攻之，以致一些造好的鐵路被迫拆毀，成為英國婦孺飯後茶餘的笑料？為什麼士大夫官紳們，可以對關稅、領事裁判權拱手讓人而不以為恥，

反而對洋人公使覲見同治皇帝時應否行三跪九叩之禮爭論不休？為什麼保守的清議派迂腐虛驕的高談闊論，在光緒時代竟會甚囂塵上，被朝野人士交口稱讚，而像郭嵩燾、曾紀澤這些以清醒目光看待國際現實的、不辱國命的外交家，反而被社會輿論指斥為「漢奸大佞」，成為最孤獨的、最受壓抑的人？為什麼他們對執迷不悟的士大夫的譴責，在茫茫人海中，只不過是黑暗中微弱的吶喊，並一個個鬱鬱而終？為什麼那些最頑強地恪守儒家正統原則的「翼教」者們，一個個都成了近代史上的保守派，而任何一種面對現實的、變通的、清醒的判斷，卻又不得不面臨悖離正統儒學原則的風險，甚至導致變通者本人內心的沉重心理壓力？為什麼連那位洋槍隊隊長戈登，也竟會說出這樣一句令人深省的話：「中國人是一個奇怪的民族，他們對一切改革都很冷漠。」[001]

中國近代正統士大夫，幾乎占了士大夫的大多數。他們中的不少人面對西方的侵凌，並不乏保家衛國的社會使命感，也似乎並不乏對西方侵略者的憤慨和仇視，然而，他們的應戰措施，在鴉片戰爭以後的大半個世紀裡，為什麼總是不能得到有效的結果，為什麼總是一連串失敗的歷史紀錄？

大清帝國的命運和權力，是由皇帝、太后與官紳士大夫

---

[001] ［英］戈登：〈1863 年 12 月 12 日給母親的信〉，《中國近代對外關係史資料選輯》，上海人民出版社 1977 年版，第 225 頁。

階級共同主宰的。這些統治階級的代表人物，本身又在特定的歷史條件下受到傳統文化的薰陶。於是，我們自然地，也必須把觀察的視角，放在近代儒家文化在應付外來文化衝擊時所表現的反應態度以及適應能力上。

總而言之，本書的主題是，近代儒家文化缺乏一種在西方挑戰面前進行自我更新的內部機制，難以實現從傳統觀念向近代觀念的歷史轉變，從而只能繼續以傳統的自我中心的文化心理和陳舊的認知思維框架，被動地處理種種事態和危局。換言之，在十九世紀後半期，一個國際時代，人們仍然習慣於用傳統的排斥旁門左道的方式，來實現民族自衛的目標。由於觀念與現實的嚴重悖離，從而使近代儒家文化陷入自身難以擺脫的困境。

本書從近代中國正統士大夫的文化心理、認知心理與社會心理三個層次上展開分析；將考察中國正統士大夫對異質文化的排斥態度是在什麼歷史地理環境中形成並強化的。這種態度又如何延續到了近代，在應付西方文化挑戰的方式上產生了哪些嚴重的消極影響。

本書還將分析，近代正統士大夫在理性層次上，透過什麼樣的認知思維機制，把對西方文化的深拒固斥，邏輯地論證為合理的。

此外，在西方侵略和民族危機深化的刺激下，正統士大

夫的文化心理與認知心理的交互作用又如何激發起一股虛驕的國粹主義的排外思潮。這種強而有力的排外思潮，不但使中國的現代化和民族自衛過程遭到嚴重的挫折，同時也構成了近代維新運動失敗的社會思潮背景。

本書研究將借助於認知心理學、社會心理學的某些概念工具和方法。實為一跨領域的粗淺嘗試。

「人不能兩次走進同一條河流。」古希臘哲人赫拉克利特（Heraclitus）的這句名言，無疑包含著一個真理：一切皆在變化，逝去的東西不會重新出現。然而，我們卻常常發現，當人們採用與歷史上相似的方法來應付與歷史上相似的事變的時候，逝去的歷史往往會以類似的方式重演。正是在這個意義上，人們毫不自知地兩次走進同一條河流。

也許正是由於這個原因，對歷史的反思，永遠是那些走向未來的人們富於熱情的、無法抑制的精神追求。當人們承負著自己的社會使命來重新觀察歷史的時候，歷史學則變成了一門萬古常新的學問。

第一章
近代中西文化衝突的歷史背景

　　天處乎上，地處乎下，居天地之中者曰中國，居天地之偏者曰四夷。四夷外也，中國內也，天地為之乎內外，所以限也。

［宋］石介：《中國論》

　　古代中國人是怎樣看待傳統中國文化圈以外的世界的？他們對外部世界所具有的文化概念，是在什麼地理環境中形成，並在兩千多年的時間裡受到哪些社會政治因素的影響而進一步強化？

　　這些問題對於認識近代中國士大夫對西方挑戰的消極態度和反應，無疑有著重要的意義。讓我們就從考察這些問題開始。

華夏文化圈與外部世界

　　當我們回顧古老的中國文明發展歷史的時候，有若干地理因素特別值得注意。首先，我們祖先創造的華夏文化，是在遠離希臘、羅馬、埃及與巴比倫等古代文明的黃河流域發展起來的。華夏先民活動的範圍，又處於相對獨立、相對隔絕的地理環境中，難以與世界其他地區的早期先進文明進行雙向的文化資訊交流和相互影響。其次，黃河平原與黃土高原的氣候與土壤等生態條件，特別適合單一的農耕經濟的發展。這種經濟生活的自給自足，使安土重遷的華夏民族不像古老的商業航海民族與遊牧民族那樣，把走向遙遠的外部世界視為謀生的必由之路。

　　打開世界地圖，人們可以看到，在黃河中下游的華夏人居住區以北，是浩瀚的戈壁沙漠、乾旱草原和人類難以生存

的西伯利亞森林與寒原。在這個文化圈的東部，一望無際的東海是比沙漠更嚴峻無情的天然屏障。當華夏族後來發展到長江流域和珠江流域以後，迤南叢林的煙瘴之地，金沙江、怒江和橫斷山脈的險峻地勢，以及作為世界屋脊的青藏高原，橫亙在古代中國文明與印度文明之間。數千年來，這兩個古老文明之間難以進行頻繁接觸和交流。梁啟超曾生動地設想，假如沒有喜馬拉雅山把南北兩地隔開，中國和印度的歷史將會完全重寫。

難道不正是如此嗎？千百年來，那些身軀高大的金頭髮的雅利安（Aryan）人、那些追隨亞歷山大（Alexander the Great）東征而來的希臘人，以及此後的突厥人、阿拉伯人、波斯人，乃至非洲東部的衣索比亞人，只需跨入位於現在印度西北部的旁遮普（Punjab）邦的那些著名的山口，就可以浩浩蕩蕩奔赴印度文明的中心地帶 —— 恆河平原，並給印度的歷史、種族、語言、宗教和習俗打上自己特有的烙印 [002]。其結果，也使印度文明不斷從異源文化中承受新的文化資訊。而那些先後進入印度本部的征服者和旅行者們，只能面對著喜馬拉雅山的終年積雪望洋興嘆，他們絕不可能越過世界屋脊進入古老中國的神祕世界。

當然，華夏文化圈也不完全是一個封閉的世界。狹長的

---

[002] ［印］辛哈、班納吉：《印度通史》，商務印書館 1964 年版，第 8 - 9 頁。

河西走廊連接著一條漫長而充滿險阻的絲綢之路，從而使古代中國與中亞文明之間保持著斷斷續續的聯繫。現代的中國人佇立在玉門關的廢墟旁，固然可以抒發一番懷古的幽情：西漢的張騫、李廣利，唐代的玄奘，十四世紀威尼斯的馬可‧波羅（Marco Polo），都曾在這不顯眼的古道上留下過他們的足跡。這些中外聞名的旅行家的名字，幾乎要間隔數百年才出現一次。他們的旅行故事又是如此的驚心動魄。這本身就足以表明，古代中國與外部世界交往的機會受到地理環境何等嚴重的限制。千百年來，玉門關與陽關的漫長古道上，死一般的沉寂只是偶爾被商隊的單調駝鈴聲打破。如今的考古學者和勘探者們，還可以在那沙漠荒丘中發現古代遇難商人和駱駝的骸骨。這一切表明，古人為溝通中國與外部世界之間的文化交流，曾付出過何等艱鉅的代價。

　　這裡，讓我們把環繞地中海沿岸的諸多古代文明與華夏文明的地理環境作一點比較，是頗能說明問題的。

　　地中海北岸的希臘、羅馬文化，南岸的尼羅河文化，以及離地中海東岸不遠的巴比倫文化，這幾個古老文明都可以透過海路交通密切地連繫在一起。雅典的戲劇大師阿里斯托芬（Aristophanes），曾用「我們是一群環圍著池塘的青蛙」這句話來形容愛琴海四周的諸城邦在文化上的相互呼應。[003]

---

[003]　D. B. Nagle: *The Ancient World: A Socialand Cultural History*, 1979, P63．

這一生動的比喻卻使人們聯想起：古希臘、古羅馬、古埃及與古巴比倫，又恰似圍繞在地中海這個更大的池塘四周的蛙群，它們發出此起彼伏的鳴叫聲，組成了一種奇特的文化交響。這些異源文明之間的資訊交流是十分密切的。例如，古希臘最早的哲學家泰利斯（Thales）、畢達哥拉斯（Pythagoras）都曾踏足埃及，並對金字塔和埃及的異國風情進行過記錄。[004] 古希臘歷史學家希羅多德（Herodotus）對巴比倫帝國的政治與文化了解得如此具體而詳盡，以至於他竟能在自己的著作中列舉出巴比倫各省每年向中央王朝交納的稅收總額。[005]

上述環地中海的諸古老文明之間的密切交往、彼此影響和滲透，往往達到「你中有我，我中有你」的地步。例如，人們發現，除了華夏文明採用了自己獨特的象形方塊文字外，古希臘、古羅馬、古埃及和古印度後來都不約而同地走上了文字拼音化的道路。歷史學家還發現，上述諸地中海文明之間的交互影響和彼此滲透過程，業已擴展到歐洲、北非與西亞大部分地區之後，才逐漸區分為兩大文明體系——西方的基督教文明與東方的伊斯蘭文明。即便如此，古希臘的科學文化成果，在中世紀的黑暗時代，竟然是由阿拉伯人

---

[004]　[法]保·佩迪斯：《古希臘人的地理學》，商務印書館 1984 年版，第 26 頁。
[005]　[法]保·佩迪斯：《古希臘人的地理學》，商務印書館 1984 年版，第 24 頁。

從西班牙獲得後小心地帶回並保存了下來，直到文藝復興前不久，阿拉伯人才又把這筆豐厚的文化遺產「還贈」給歐洲人。[006] 希臘古典文化遺產這一奇特的旅程足以表明以地中海為仲介的歐洲文化與伊斯蘭文化之間的密切關係，連中世紀的漫漫長夜也無法切斷。

上述的文化比較，可以給人們一個啟示，即華夏文化，是在沒有廣泛吸收其他古代異質文化資訊和文化營養的特殊歷史條件下，以獨創的方式萌發並成熟起來的。雖然，東漢以後，由於佛教的傳入，中外文化交流出現了一些新的機會，但那時中國傳統文化的基本格調和內部規範早已基本定型和成熟了。

農耕自然經濟的自給自足，地理環境的相對封閉和內向，以及其他各種因素的配合，導致傳統中國文化形態具有早熟的特點，這種文化早熟，對傳統文化本身的發展趨勢、華夏民族的文化心理以及以後的士大夫階級的價值觀念體系與思考方法等等，無疑具有深刻的影響。

首先，既然華夏人是在與其他先進古代文明相對隔絕的特殊條件下創造和發展自己的文化的，那麼他們就不可能具有世界各種異質文化多元並存這樣的文化觀念。即使考古學者和人類學者曾經發現並可以繼續發現外來文化的某些個別

[006] De Lacy O' Leary: *Arabic Thoughtand Its Placein History*, London, 1958, P295.

要素，如涓涓細流滋潤了華夏文明的早期發育，但就總體而言，華夏先民們在主觀上從來未曾意識到希臘、羅馬、埃及、美索不達米亞這些古代先進文明，作為與華夏文明不同的異源的文化實體而存在。例如，無論在《山海經》、《尚書》以及此後的《春秋》、《左傳》和其他儒家早期經典的記載中，我們都很難發現古代中國人有過世界上各個文化實體多元並存的觀念痕跡。

　　古代華夏人既然由於地理條件限制，不能意識到其他異質文化與自己的文化同時並存這一客觀現實，那麼他們自然只能把自己的華夏文化以及這種文化包含的價值規範，作為普天之下文明存在的唯一形態。因此，在華夏人看來，「天下」是「九州分野」以內的華夏人與這一分野之外的「夷狄」共同構成的。既然天賜的文明（也即後來儒家所稱的「禮樂教化」的價值規範），是九州分野以內的華夏人所獨有的，那麼他們自然處於天下的中心。相對於四周的蠻夷來說，他們便是「中國」。《說文解字》稱：「夏，中國之人也。」正是華夏人的自我中心意識的明確闡釋，而那些處於四周的不曾開化的部族，既然處於被髮紋身、衣毛穴居的野蠻狀態，不曾受到衣冠禮樂文明的薰陶，那麼依其與「中國」的方位關係，則被稱為「北狄」、「東夷」、「南蠻」、「西

戎」。這些用語中蘊含的鄙視色彩，正是華夏人由於不能與先進文明相鄰而產生的文化優越意識的自然流露。

除了上述觀念外，華夏人還具有另外一種文化觀念，即把文明由內向外輻射傳播視為文化傳播的唯一形態。這種觀念集中表現在孟子所概括的「吾聞用夏變夷者，未聞變於夷者也」[007] 這一論斷之中。

產生這種文化傳播觀念的原因是由於華夏人相對於比自己落後的四鄰僻遠部族來說，具有較高的文化勢能。他們自然會用自己先進的制度、習俗、典章及生產技術，從君臣秩序、衣冠禮制到果蔬菜菇、稻麻黍稷（也即儒家後來籠統指稱的「禮樂教化」），去同化四周的「夷狄」。而落後的四鄰自然也樂於為這種更高級的文化所吸引。一旦後者接受華夏人的「禮樂教化」，原來的「夷狄」也就變成了華夏共同體的成員。華夏文化圈的外延也隨之向四周不斷地輻射擴展。與此同時，擴大了的華夏共同體又重新在新的邊界上面臨不開化的「四夷」。於是，「用夏變夷」的過程，也即以先進的華夏文化去感化四夷落後部族的同化過程，又在這個新的邊緣上重新開始。在漫長的早期中國文明發展史中，這種同化過程不斷的週期反覆，自然使華夏人認為，普天之下，「華夷對峙」的文化分界與「用夏變夷」的文化傳播始終具有普遍

---

[007]《孟子·滕文公上》。

和永恆的意義。

　　我們可以把華夏文化由一個單一中心自內向外傳播的這種獨特方式稱為單向性輻射狀傳播方式。把古代中國、環地中海諸文明古國與島國日本的文化傳播的不同模式進行橫向比較，是頗有意義的。

　　根據前面的敘述，我們可以把古代希臘羅馬文明的文化傳播模式，稱為多向交會型的文化傳播模式。這種傳播方式的特點是：主體文化承認其他文化作為對等的異質文化實體而存在，並在這一基礎上彼此進行文化交流。希臘人即便視波斯人為「野蠻國家」，但希臘人從不否認波斯帝國作為一個異己的文化實體存在的事實。其結果，必然導致一種與「天下」觀念性質迥異的多元文化並存的觀念──即古典意義上的國際和世界觀念。當我們翻閱古希臘歷史學家希羅多德與修昔底德（Thucydides）的戰爭史著作時，我們會驚異地發現，早在西元前五世紀的希波戰爭與伯羅奔尼撒戰爭時代，古希臘人就已經會嫻熟地運用類似近代的國際條約、使節、宣戰、媾和、戰爭賠款等國際法則，來處理屬於不同文化類型的各政治實體之間的相互關係了。儘管這種古典意義上的國際觀念與近代民族國家興起以後形成的國際觀念並不完全相同，但兩者之間的歷史淵源關係卻是一脈相承的。與此形成鮮明對比的是，在中國，以華夏為天下中心、以華夏

以外的人為蠻夷人的觀念，從堯舜禹時代開始一直到鴉片戰爭以後相當長的一段時間裡，始終根深蒂固地糾纏在上自皇帝、下至士大夫庶民的頭腦中，難以消除，以至近代中國人不得不為此付出極其沉重的代價。

屬於多向交會傳播型的文化，往往處於地理交通較為通達的地區。從消極方面看，處於這種地理條件下的西方諸古老文化，由於頻繁的異族入侵、民族大遷徙以及其他各種外部政治社會因素的影響和衝擊，往往使主體文化難以保持強而有力的歷史文化連續性。另一方面，從積極方面來看，多種文化的彼此交會與滲透，也易於導致主體文化對異質文化因素有較大的容受力與吸收融合能力，從而具有較大的自我更新潛能。

從文化傳播方式上來看，島國日本的文化乃是另一種具有特色的文化，大致上可以歸屬為由外向內地選擇吸附型的文化傳播方式。從西元三世紀開始，日本在應仁天皇時代便開始從中國攝取文化，從中國晉朝、隋朝、唐朝、宋朝、明朝先後直接或間接地傳入漢字、佛教、隋唐政治制度、朱子學、陽明學。以後，又在明治時代從西洋輸入近代資本主義文化，在漫長的歷史歲月中，日本曾有過好多次由外向內吸收外來文化的浪潮，這種文化傳播模式，是與日本孤島型國家的地理環境有密切關係的。從消極方面來看，它使主體

文化的發展變遷，不得不在很大程度上取決於外來文化的發展，以及外來文化源是否有條件給予它以足夠的文化資訊衝擊與刺激。因此，這種類型的傳統文化往往具有過分依靠外部機遇的被動傾向。按照一位日本學者的說法，某種意義上，也使「日本人容易醉心於成為外國文明的模仿者」[008]。但是，異源文化提供新的文化因素和資訊的機會一旦出現，主體文化便會以極為敏銳的姿態和傳統的主動性，對外部世界各種文化進行比較和選擇，從而使這種外部刺激成為自身發展的新起點。因此，「主動吸收外國文明的精神才是日本人的傳統性格」。[009] 這種文化心理，對日本「脫亞入歐」的現代化過程無疑具有積極的促進作用。

古代華夏人的中心輻射型的文化傳播模式，對古代中國人的文化心理有什麼積極的和消極的影響呢？

就積極方面而言，具有較高文化勢能的華夏文化，千百年來不斷地由內向外做輻射狀傳播，總是成功地同化和融合僻遠落後的「四夷」部族。這就不斷地強化了古代中國人的文化自信心理，在漫長的歷史歲月中，這種文化自信心有助於使中國傳統文化始終保持一種從未間斷的歷史連續性與穩定性。這對於一個遍及九州的古老民族的發展和統一，無疑具有強而有力的凝聚作用和文化認同作用。

[008] [日] 吉田茂：《激盪的百年史》，世界知識出版社 1980 年版，第 13 頁。
[009] [日] 吉田茂：《激盪的百年史》，世界知識出版社 1980 年版，第 13 頁。

另一方面，從消極方面而言，也應看到，這種中心輻射型的文化傳播觀念，把九州以外的其他民族視為單方面的文化受賜者，也易於導致文化上的自我中心意識以及對來自其他民族的文化資訊的漠然態度。而「四夷」對華夏文化向心歸順的「傳統謙恭態度」，又會進一步助長處於「中心」的主體文化以尊臨卑的優越感。這些文化心理特點，對中國傳統文化以後的發展，尤其是傳統文化在遭受近代西方文化衝擊之後的歷史命運，無疑具有嚴重的影響。在本書各章中，我們將會不斷涉及這個問題。

中央集權與華夷秩序

從秦漢到鴉片戰爭以前的兩千年中，就中國自身的社會組織與政治結構的格局而言，先秦時代的七國分立，已演變為以郡縣制中央專制集權制為基本形態的政治局面。就中國傳統儒家文化與外部異源文化的接觸而言，儒家文化在近代以前曾先後經受了佛教輸入，遊牧民族入主中原，西域商人來華貿易，以及明末清初西學東漸等幾次較大的來自外來文化的衝擊運動。

因此，人們自然會提出這樣的問題：由於政治社會格局與文化交流的影響，先秦時期業已形成的上述傳統文化心理，在這長達兩千年的歷史階段，有了什麼新的發展和

變化？

　　中央集權的郡縣制封建王朝自秦漢建立以後，歷經隋、唐、宋、元、明、清各代，中央集權制度不斷強化，中國與「四夷」的關係，儼然成為「君臣」等級關係。中央朝廷與番邦各國之間，便以華夷等級觀念為基礎，建立起一種特殊的「國際」關係，即華夷等級秩序。

　　根據這種華夷等級秩序，中國皇帝與士大夫，把向四夷番邦屬國傳播高度繁榮的儒家文化，視為實現儒家「加惠四海、視民同仁」道義上的責任。而萬邦來朝的興隆政治場面，也足以宣揚中國帝制王朝「仁聲義問，薄極照臨」的統治威力。這種狀況和精神氣氛反過來自然也有利於統治者鞏固自己在中國百姓中的威信和權勢。

　　另一方面，長期以來慕尚儒家禮樂教化的、處於中原王朝統治之外的番邦屬國的統治者，也樂於充當恭謙臣僕的角色，並以向中央王朝進貢方物的代價，獲得與中原王朝互通貿易與吸取儒家先進文化營養的實惠。

　　正是在這個意義上，中原的王朝與四鄰諸國之間，按上尊下卑的等級關係建立起來的這種「國際秩序」，是華夏文化傳播方式、傳統文化心理、儒家正統綱常觀念與現實政治、經濟等諸多因素複雜交織的結合物。其中，儒家文化相對周邊民族而言的高度發展狀態，以及儒家文化本身的包容

力與同化力，是導致「中心」與「四方」相互之間形成尊卑關係的重要因素。

　　為了維持這種關係的等級性和穩定性，中央王朝為周邊番邦規定的朝貢禮儀制度是極為嚴格的。後者根據前者的規定，應定期或不定期地遣派貢使，向天下共主 —— 中原皇帝獻上該地出產的各種珍奇禮物。貢使作為本部國君與酋長的代表，按預先規定的禮儀，向大皇帝躬行「以臣事君」之禮，用以表示向心歸順的誠意。中國皇帝則按相應的規格賜予相當優厚的賞賚，作為天下共主對異邦人歸順誠意的酬報。從唐宋至明清的一千多年裡，中國的皇權在不斷強化，這種表示華夷等級秩序的禮儀，也就一朝比一朝更為森嚴。明朝時，貢使覲見天子的禮儀規定是一跪三叩首 [010]，清代則把覲見規定的禮儀叩頭次數增加了三倍 —— 三跪九叩首，以此表達番邦臣屬對中國天子表示敬意的本分。

　　當然，改朝換代的中國天子，一旦坐定江山，也會及時向「四夷」派出欽差大臣，告諭番邦屬國。而後者對於膺天寶命、統一萬方的中國新皇帝，也會按慣例奉表稱臣，接受新王朝天子的冊封、符信和曆法，並尊奉其為正統。這樣，在新王朝與外邦之間又重新建立起上尊下卑的君臣關係。而一旦番邦國君亡故，繼位者也會立即向中國天子遣使告哀。

---

[010] 　[波斯] 蓋耶速丁：《沙哈魯遣使中國記》，中華書局 1981 年版，第 119 頁。

中國皇帝也往往按禮儀，以素服接見來使，以示哀悼之意，有時也派出使節帶上祭禮，前往該國致哀。

概言之，中原王朝與外邦之間的「國際」關係是嚴格地按照三綱五常所要求的「君臣」關係的方式表現出來的。千百年來，無論是中國皇帝、朝野士大夫與庶民百姓，還是外邦酋長、國君，都把這種等級性的「國際」秩序視為天經地義的。現代意義上的國際觀念，以及古希臘、古羅馬的「古典」國際觀念，是古代中國人所不曾夢想過的，只要我們讀一下本章卷首語引證的宋代士大夫石介在《中國論》中的那段話，就可以體會到傳統中國的士大夫們對華夷秩序的信念是何等明確而且堅定。

石介還在同一文中以正統哲學的信條對此加以論證。其大意是：仰觀於天，是二十八宿的星座。俯觀於地，是與天上二十八宿相對應的中國九州。中國之所以為天下之正中而得天獨厚，是因為九州境內，人們享有君臣、父子、夫婦、兄弟、賓客的三綱五常的倫理，享有禮樂、教化、衣冠和祭祀的文明。四夷之所以居天地之偏，則因為他們不曾享有此種文明。二十八宿的星座位置、九州內外的華夷劃分以及三綱五常關係，是天經地義不容顛倒和混淆的宇宙秩序。否則「天常亂於上，地理易於下，人道悖於中，則國不為中國矣」[011]。

---

[011]　[宋] 石介：〈中國論〉，《徂萊石先生文集》卷十。

　　這種以華夷等級秩序為基礎的「國際」觀念，是如何制約著中國皇帝、士大夫與異邦人的思想和行動的呢？明代永樂年間，渤泥（今北加里曼丹文萊一帶的古國）國王麻那惹加那，於永樂六年（西元一四〇八年）親率家屬赴南京覲見明成祖朱棣的史實，便是一個典型生動的事例。在《明史》及明成祖為此事頒刻的御制碑文裡 [012]，記載了雙方之間一段頗有意思的對話。

　　首先，是渤泥國王向朱棣行跪拜之禮，然後致詞：「覆蓋我的是天，載負我的是地。使我有幸擁有土地和人民，使強者不敢侵凌我這小國的，則是貴天子的恩賜。天可以仰見，地可以履及，唯有天子遠而難見。為了表達我一片輸誠歸化的懇切心願，如今我親率家屬與陪臣，不遠萬里，踰歷山海之險，親自前來中華，向天子謝恩。」

　　朱棣的答辭表現了至尊天子的謙光大度：「上天與先帝，把治理天下萬民的重任託付了朕，讓朕像對待自己兒子一樣養育天下庶民百姓。上天與先帝，對待萬民，不分內外，一視同仁。朕唯恐不堪重託，以至辜負你的一片美言。」

　　渤泥國王又一次以頭叩地，繼續跪答：「自從貴天子建元以來，臣僕的國家從此風調雨順，五穀豐登，中國父老都說，這是中國聖人恩德化育的結果。臣僕的國土雖然遙遠，

[012]　事見《明史》卷三二五〈渤泥國傳〉。

但終是天子之臣，怎能不奮然前來瞻仰天顏？」

　　過後，明成祖對這位渤泥國王曾有過如下觀感：「朕觀其談吐文雅，體貌恭順，舉止處處合乎禮教。可見他已擺脫了蠻夷習俗，他能做到這一步，真是夷狄中的超然卓異之人。自古以來，荒遠的小邦異國，由於受到我中華禮樂聲教的吸引，雖然也有國君親自前來中華朝見天子的，但是像渤泥國王這樣率領妻兒、兄弟、親戚和陪臣，一齊跪拜於陛階之下的，卻還不曾有過。這位國王精誠所至，可謂達於神明。」[013]

　　永樂皇帝賜予渤泥國王以公侯規格的禮遇和豐厚的賞賜。不幸的是，渤泥國王在這次覲見後兩個月就病逝於南京。朱棣特地為此輟朝三日，以示哀悼，後賜葬於南京安德門外石子崗。至今，人們還可以看到，在南京郊外一座不甚引入注目的小山腳下，在那濃密的灌木叢中，五百多年來幾對石人石馬一直陪伴著長眠於此的渤泥國王。

　　不僅在永樂皇帝眼中，而且在永樂之後的所有皇帝及其士大夫臣僚眼中，西元一四〇八年來華的這位「夷狄之君」，是九州分野以外的所有異邦人應該效法的典範。在他們看來，連渤泥國這樣僻遠無名的小邦，都深知中華文物聲教之至善至美，那麼這種四方萬國奔走臣服於本朝的隆興場

---

[013] 《明史》卷三二五〈渤泥國傳〉。

面，不正表明我們儒家先聖賢哲締造的禮樂教化，具有博大精深的神化之機嗎？不正表明中華文物聲教迄於四海，具有超越時空的普遍威力嗎？不也正表明本朝皇帝的統治受到上天的佑護，並展現了儒家先哲的王道理想嗎？

因此，在中國各朝皇帝與士大夫官僚看來，中華帝國與外邦諸國的關係，只能是一種「以尊臨卑」的關係而沒有其他第二種選擇。「夷人」前來中國，就意味著進貢和表示輸誠向化。

千百年來，一代復一代，一朝復一朝，華夏文化時代業已形成的內夏外夷觀念，在傳統儒家文化時代，與三綱五常的禮儀等級制度和觀念相結合，已經凝固為一種社會文化秩序。在一個以皇帝為最高頂點的垂直隸屬型的社會結構中，無所不統的君臣等級秩序和與之相適應的觀念，自然會附麗到中國與其他異邦諸國之間的關係上去。而與儒家文化並存的另外一些古代文明國家，又遠在天涯海角，難以對中國人的上述觀念進行強而有力的衝擊，從而使十九世紀中葉以前的中國人繼續保持著這種觀念構架。

在我們對華夷「國際」秩序的基本內容作了上述簡要回顧之後，下面，讓我們進一步分析這種政治文化秩序和觀念本身潛伏著的若干嚴重的消極因素。

首先，華夷「國際」秩序和觀念，是以中國作為天下的

中心，以中國皇帝作為天下共主這種狹隘的大一統意識為基礎的。中國與外部世界的關係，被簡單地劃分為「內夏外夷」的關係。在這種關係構架中，中國將千古不變地享有施布文教的恩主尊榮，外邦則只應無條件地處於恭謙臣屬的地位。

如果你問一個明代皇帝：你是世界上哪一個國家的君主？他一定會迷惑不解。作為「天下共主」，他是不能理解自己僅僅是東方一隅的某一個國家的君主這樣一層意義的。換言之，傳統中國人只有「天下」的觀念，而沒有「世界」的觀念。「天下」，是與金字塔的等級秩序的觀念和單一的權威政治中心的觀念相連繫的。在「天下」之中，儒家的價值體系是唯一合乎天意的價值規範。而「世界」是由各自獨立的政治文化實體，彼此發生橫向連結的網絡結合而成的。在「世界」裡，沒有一個凌駕於其他國家之上的至高無上的政治權威中心，也沒有一個被所有政治實體共同尊奉的文化價值體系。如果說，在某一時期的世界舞臺上出現了政治霸主，那麼他僅僅是在多元政治實體的實力競爭中產生的。

傳統中國的皇帝與士大夫官紳們，把中國視為天下中心的文化心理，明顯地表現在明朝人自己繪製的輿地全圖上。明萬曆年間，義大利傳教士利瑪竇（Matteo Ricci）在中國見到的是這樣一張地圖：大明帝國的十五個省，被畫在地圖中

間部分。在其四周所繪出的海中，散布著若干小島。在各小島上填上當時中國人所曾聽說過的所有其他國家的名字。而所有這些小島加在一起的總面積，還不如中國一個最小的省份的面積大。[014] 這幅地圖，無疑是傳統中國人對「天下」，也即他們心目中的「世界」的看法最形象的反映。

明末的《大明九邊萬國人跡路程全圖》，地圖製作者把所知道的國家和地區列於大明的四周。

---

[014]　《利瑪竇中國札記》，中華書局 1983 年版，第 179 頁。

當人們從利瑪竇那裡聽說中國僅僅是東方的一部分時，他們認為這種想法與他們的大不一樣，簡直是不可思議的。[015] 後來，利瑪竇把歐洲人繪製的地圖展示在中國士大夫們面前，這幅精緻的地圖曾引起人們極大的興趣。然而，勇於衛道的正統派士大夫立即發現了問題：在這幅有所謂經緯線、赤道和回歸線的地圖中，中國所占的位置竟是如此之小，它竟然沒有被置於全圖的中心！

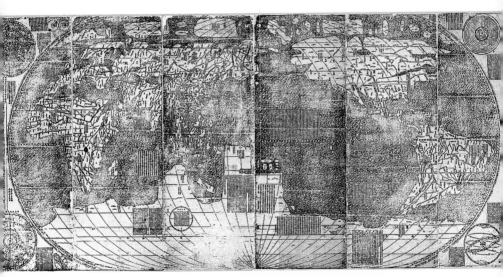

《坤輿萬國全圖》。一般認為，此圖為義大利耶穌會傳教士利瑪竇在中國傳教時所繪製。

[015] 《利瑪竇中國札記》，中華書局 1983 年版，第 179 頁。

於是，有人出來指斥說，利瑪竇「以其邪說惑世」，「欺人之其目之不能見，足之不能至，無可按驗耳。真可謂畫工之畫鬼魅也」[016]。抨擊者的依據是：「中國當居正中，而（該）圖置（中國）稍西，全屬無謂。」[017] 利瑪竇在其《中國札記》中也指出，「中國人認為天是圓的，地是平而方的，他們深信他們的國家就在地的中央。他們不喜歡我們把中國推到東方一角上的地理概念。」[018] 利瑪竇神父出於傳布福音事業的需要，不得不盡可能地避免與中國正統士大夫的傳統觀念發生衝突。於是這位聰明機智的神父僅僅抹去了福島的第一條子午線，並在地圖兩邊各留下一道邊，使中國正好出現在地圖的中央。這樣做符合了士大夫們的想法，從而使他們十分高興而且滿意起來。[019]

利瑪竇以一個歐洲人的眼光，曾對他所見到的中國人的這種文化心理作了如下描述：

因為他們不知道地球的大小而又夜郎自大，所以中國人認為所有各國中只有中國值得稱羨，就國家的偉大、政治制度和學術的名氣而論，他們不僅把所有別的民族都看作是野蠻人，而且看成是沒有理性的動物。[020]

---

[016]　徐昌治：《聖朝破邪集》卷二。
[017]　徐昌治：《聖朝破邪集》卷二。
[018]　《利瑪竇中國札記》，中華書局 1983 年版，第 180 頁。
[019]　《利瑪竇中國札記》，中華書局 1983 年版，第 181 頁。
[020]　《利瑪竇中國札記》，中華書局 1983 年版，第 181 頁。

利氏這段議論當然是不夠確切的，但是他以來自另一個文化的眼光，敏銳地注意到明代士大夫由於無法與較先進的西方文明接觸，從而產生了文化上的自我中心意識。

其次，華夷「國際」秩序與觀念是以儒家禮樂教化和綱常倫理的價值體系作為判斷文明與野蠻的唯一尺度的。這種以儒家文化的價值規範和聖人之學來判斷一切外來文化，必然從文化心理這一層次上構成對西學東漸運動的觀念障礙，並導致對外來文化的強烈排斥傾向。明人沈㴶攻擊西洋曆法數學的論證方式，是一個很典型的例子。沈氏以傳統的五行學說來解釋天文。當他發現西學解釋與傳統曆學解釋相左，便展開激烈抨擊：

天無二日，亦象天下之奉一君也，唯月配日，則象於后，垣宿經緯，以象百官，九野眾星，以象八方民庶，今（西人）特為之說曰：「日月五星，各居一天」，是舉堯舜以來中國相傳綱維之最大者而欲變亂之。[021]

把禮樂教化與綱常倫理視為天下文明的唯一尺度的狹隘意識，恰恰與世界文化的多元性和價值體系的多元現實相矛盾。換言之，在一個多元文化並存的地球上，存在著儒家文化以外的眾多文化類型。如果用「禮樂教化」、「三綱五常」的價值尺度來衡量中國以外的其他文化實體和民族，那麼，

---

[021]　沈㴶：〈參遠夷疏〉，《聖朝破邪集》卷一。

所有中國以外的民族和國家，將不得不在這種過於簡單的二叉分類框架中，被歸入「夷狄」、「化外」之列。

第三，華夷「國際」秩序與觀念進一步強化了華夏文化由一中心向四夷單向性輻射狀傳播的文化心理。既然數千年來只有「用夏變夷」，而從未聽說「以夷變夏」，既然中國以外的其他地區已被禮樂教化的價值尺度判別為夷狄，那麼中國之外的「夷狄之俗」，絕不應該是沐浴於至善至美的儒家聲教之中的中國人所需效法的對象。在明末清初，一些士大夫中出現了一股排斥西學東漸的保守思潮。我們可以從當時一位名叫李士的士大夫撰寫的〈劈邪說〉中，清楚地看到上述文化心理對西學傳入中國的嚴重阻礙。李氏的論點是：

（利瑪竇）近復舉其伎倆一二，如星文律器，稱為中土之所未見未聞，……不思此等技藝，原在吾儒復載之中，上古結繩而治，不曰缺文，中古禮樂代興，不無因革，誠以政教之大源在人心，而在此焉故也。是以諸子百家，雖間有及於性命，尚以立論不淳，學術偏雜，不能入吾夫子之門牆，而況外夷小技，竊淆正言，欲舉吾儒性命之說，倒首而聽其轉向，斯不亦妖孽治亂之極，而聖天予斧鉞之所必加乎？[022]

李氏在這段感情激越的議論中，對西洋近代天文律算之學之傳入中國，頗有切齒之恨。在李氏看來，這種外夷小技

[022]　李士：〈劈邪說〉，《聖朝破邪集》卷五。

的存在，本身就意味著對「吾儒性命之說」的悖離，因而只有把它們作為妖孽加以處理。康熙時代，另一位正統派人士楊光先反對西洋曆法的著名論斷是：「寧可使中國無好曆法，不可使中國有西洋人，無好曆法，不過如漢家不知合朔之法，日食多在晦日，而猶享四百年之國祚。有西洋人，吾懼其揮金以收拾我天下之人心。如搶火於積薪，而禍至之無日也。」[023]

　　楊氏這種不近情理、自塞自閉的典型言論，只有透視傳統士大夫正統派文化心理中的消極面才能理解。

　　當然，值得指出的是，人們不應把孔子的原始儒家思想與南宋以後，尤其是明清以後的正統士大夫的思想完全等同起來。正是春秋戰國開放性的文化精神氛圍，孕育了孔子的原始儒學充沛的生命力，但是儒學在秦漢以後經歷了董仲舒的今文經學與程朱理學兩次重要的蛻變。儘管從歷史上看，這兩次蛻變在當時也有過一定的合理性，但是，就儒家文化對外部世界的態度而言，董學與程朱之學則連續地強化了傳統中國人的自我中心意識。千百年來，由於自然經濟的自足性，以及歷代中原王朝為防範遊牧民族入侵和抵制佛教影響的需要，令上述傳統的保守文化心理發展到「華夷大防」的森嚴地步。千百年來，中國人總是一代復一代地自覺或不自

---

[023]　夏燮：〈猾夏之漸〉，《中西紀事》卷二。

覺地以這種根深蒂固的文化心理來看待不斷變化中的外部世界，這種先入為主的心理上的惰性，我們可以稱為文化心理定勢 [024]。在以後的分析中，我們將發現，這種文化心理定勢，對於中國士大夫應付近代西方文化的挑戰來說，將具有何等嚴重的消極影響。

拒絕向天子跪拜的蠻夷

鴉片戰爭以前，資本主義的西方近代文明已經漸漸崛起，越來越多的西方商人，為了擴展他們在東方的市場，開始與古老的中國打交道。由於傳統中國士大夫的「內夏外夷」、「華夏中心」、「用夏變夷」的觀念已凝聚為一種強而有力的文化心理定勢，所以近代中國人與西方人接觸伊始，就不可能擺脫「華夷」二叉分類法的思維框架來認識和理解西方人。在中國士大夫官紳眼裡的歐洲人，既然來自荒遠無稽之地，其語言、服飾、飲食、習俗又與沐浴於禮樂教化之下的中國人大異其趣，既然禮樂教化又是判斷文明與野蠻的唯一尺度，那麼就中國人的傳統文化心理而言，把這一類人歸入夷狄之列則是自然而然的了。《皇清四裔考》把英吉利稱

---

[024] 定勢（attitude），也稱心理定向反應或心態。它指的是人們在過去經驗的基礎上形成的有準備的心理狀態。它影響或決定了同類後繼心理活動的形成與趨勢。具體地說，人們是按某種固定的態度傾向去反映現實，並對外部刺激作出有準備的反應。定勢的積極方面是使人們的心理活動具有一定的穩定性和連續性，其消極方面則是導致對外部事物抱有成見、偏見或心理上的惰性。

為「紅毛蕃種」，稱「康熙間，英吉利始來通市。雍正七年後，互市不絕」[025]。此後，一位名叫陳昂的廣東碣石鎮總兵官在給皇上的奏言中稱：「臣遍觀海外諸國，皆奉正朔，唯紅毛一種，奸宄莫測，其中有英圭黎（即英吉利）諸國，種族難分，聲氣則一。」[026] 這位總兵大人在道光以前可以稱得上當時擁有對英國知識最多的中國官員了。這段話正是近代中國人由於傳統文化心理定勢的影響，把西方各國視為「荒遠夷狄」的典型反映。

另一方面，自從十五至十六世紀以來，處於重商主義發展時期的葡萄牙、荷蘭的商人，他們在中國沿海地區剽劫行旅、掠奪良民的海盜冒險行徑，更進一步加深了明清以來的中國人把歐洲人視為沒有開化的蠻夷的印象。這種壞印象又加強了原有的文化心理定勢和成見。十七世紀以後，以經商營利為目的的歐洲各國專利公司，取代海盜冒險式的葡萄牙商人，在東亞、南亞地區開始頻繁活動。此時中國人把西洋人視為蠻夷的觀念業已牢固形成，這類西方商人為了在中國沿海做成生意，也往往以商人特有的投機心理，採取靈活變通的態度和方式。

他們以謙卑的口氣，自稱向心歸順的遠夷，迎合中國士

[025]　姚瑩：《皇清四裔考》，引自《康輶紀行》卷十二。
[026]　姚瑩：《皇清四裔考》，引自《康輶紀行》卷十二。

大夫的華夷等級觀念，以求得在中國沿海地區進行通商貿易的好處。例如，乾隆二十四年（西元一七五九年），一位法國商人請求當時的兩廣總督擴大通商關係的稟文，就是以這樣的口氣來寫的：

> 竊哩等生長外夷，自粵海開關以來，向慕德化，無不攜帶貨本，遠涉重洋，到粵貿易。荷蒙皇恩憲德，體恤至周且備，無不感勒心版……

洋商把自己附會於蠻夷的投機態度，多年以來一次又一次地迎合了士大夫官紳唯我獨尊的文化心理。

這種視歐美各國為洋夷的看法一旦固定下來，按照千百年以來已被中國士大夫官紳階級視為天經地義的華夷等級秩序，那麼洋夷來到中國，則應盡其向天朝向化輸誠的義務。所以，夷狄使者前來中華帝國，朝見作為天下共主的大清天子並籲請天恩時，竟然可以不行三跪九叩之禮，而採取什麼其他態度，對鴉片戰爭以前的中國人是不可思議的。

然而，十八世紀末葉，一位來自英國的外交使節，第一次向中國人的華夷等級秩序提出了挑戰。在中西文化衝突的歷史上，這是一樁意味深長的歷史事件。

這件事發生在乾隆五十八年（西元一七九三年）。當時的英國國王喬治三世（George III）派遣馬加爾尼勛爵（Earlof Macartney）為特使，以補賀乾隆皇帝八十壽辰為名，來華請

求擴大通商事宜，包括請求中國開放更多口岸，降低稅率，給予租界並派公使長駐中國等等。這位特使帶著從英國運來的六百箱賀禮，遠涉重洋，從大沽上岸。登岸伊始，運載英國禮品的車船立即被中國官員插上標明「英吉利貢使」字樣的旗幟。這位英使雖然心裡明白，卻假裝糊塗，沒有提出異議。因為他深知如果要矯正，多半也是無效，反而有礙於他外交使命的完成。[027] 然而，在觀見乾隆皇帝時行三跪九叩之禮的問題上，這位勛爵一開始就表示拒絕。而中國官員則極力堅持，雙方相持不下。馬加爾尼表示，他願意在符合他對本國君主所行的禮節限度內，盡其所能在觀見時表示他對中國皇帝的敬意，但他堅決反對作任何把英國解釋為中國的藩屬或屬國的事情。[028] 乾隆皇帝在舉行觀見儀式以前得知馬加爾尼這一態度後，諭令辦理接待事務的大臣用下述理由來開導對方。其大意是：凡是四方藩封之國，前來天朝進貢和觀光者，不但陪臣必須向天子行三跪九叩之禮，即使是該國的國王親自來朝，也必須躬行此禮。爾自應遵守天朝法度，如果是因為爾國有用布帶裹腿的習俗，不便跪拜，那何妨在叩見時暫時把布帶解開，等觀見之後再把布帶裹上，也屬甚

---

[027]　斯當東：《外國使節觀見檔案彙編》，轉引自 [英] 馬士：《中華帝國對外關係史》第一卷，三聯書店 1957 年版，第 60 頁。

[028]　斯當東：《外國使節觀見檔案彙編》，轉引自 [英] 馬士：《中華帝國對外關係史》第一卷，三聯書店 1957 年版，第 60 頁。

便。如爾等拘泥本俗，不行此禮，那就不能表示爾國王派遣爾等航海遠來輸誠歸順的誠意。不僅各藩國使臣會譏笑爾等不懂天朝禮儀，恐怕我朝官員也不會允許。[029]

　　乾隆皇帝對這位不懂禮儀的遠夷的訓誡，使用了中國皇帝最大限度的委婉口吻，表現出至尊天子的寬宏大度，但是這位馬加爾尼勛爵繼續拒絕開導。他竟異想天開地建議交換一項什麼書面協議：載明要有一名與他官階相等的中國朝臣，穿著朝服，在英吉利國君肖像之前行三跪九叩之禮，然後他本人將對等地向乾隆皇帝行同樣的跪拜禮。[030] 此項建議理所當然地被朝臣們拒絕。最後，這位特使在熱河行宮兩次覲見時，居然頑固地拒絕下跪，而以屈膝禮代替本來要他行的跪拜禮。這在中國傳統歷史上也許是破天荒的第一次。據相關學者統計，從西元一六五六年到一七九五年的一百四十年裡，俄國、荷蘭、葡萄牙、羅馬教皇和其他一些歐洲國家派遣使節覲見清朝皇帝達十七次之多，馬加爾尼出使可能是唯一沒有行三跪九叩禮的一次。[031] 乾隆皇帝的不滿是不言而喻的，皇帝降旨令其早日出境，而英方提出的全部要求，按閉關自守的傳統慣例，本來也是要全盤嚴詞拒絕的。

---

[029]　夏燮：〈猾夏之漸〉，《中西紀事》卷二。
[030]　《中華帝國對外關係史》第一卷，三聯書店 1957 年版，第 60 - 61 頁。
[031]　[美] 費正清、鄧嗣禹：〈清代朝貢制度〉，第 188 頁，轉引自《日本外交史》，第 31 頁。

這是大英帝國向清王朝的華夷等級秩序首次挑戰的信號，但這個信號則完全被沉醉在「一統無外，四夷賓服」的傳統美夢中的清朝皇帝和朝野士大夫們忽略了。人們僅僅把這位「英吉利貢使」拒絕行跪拜禮的動機理解為遠方夷狄不開化的表現。直到很久以後，一位正統士大夫還對此耿耿於懷，他以極為鄙夷的口吻來回顧這位英國使節拒絕跪拜的粗野、唐突行為。他寫道：「乾隆五十八年，（英吉利）進貢……皇心喜其遠夷之效順，愛而畜之，隆以恩寵，而奸夷志滿意溢，不思答報，反潛滋其驕悖。」[032]

大清皇帝及其臣僚們正是這樣，把西元一七九三年英國殖民帝國謀求擴展雙方貿易的外交行動，離奇地理解為荒遠極西的夷狄之國由於受到中華帝國的「王化」召感而採取的輸誠納貢行動。而且，連英王喬治三世致乾隆皇帝的信，也由清朝官方的譯員按中國人一廂情願的理解，翻譯得面目全非，以至人們讀後還會以為是英王在向乾隆單方面表示效順和籲請天恩：

如今聞得各處唯有中國大皇帝管的地方，一切風俗禮法，比別處更高，至精至妙，實在是頭一處，各處也都讚美心服的。……故此越發想念著來向化輸誠……所以趁此時候

---

[032]　方東樹：〈病榻罪言〉（道光二十二年，1842 年）。

得與中國皇帝進獻表貢，盼望得些好處。[033]

因此，乾隆給英王的敕文諭道：

咨爾國王，遠在重洋，傾慕向化，特遣使恭賚表章，航海遠來，叩祝萬壽，並進方物，用將忱悃，詞意肫懇，具見爾國恭順之誠，深為嘉許。[034]

關於英方提出的有關擴大通商的要求，敕諭中則是那段著名的吹捧：

天朝物產豐富，無所不有，原不藉外洋貨物以通有無。特因天朝產茶葉、瓷器，是西洋各國及爾國必需之物，是以加恩體恤。[035] 至爾國王表內懇請派一爾國之人，住居天朝，照管爾買賣一節，此則與天朝體制不合，斷不可行。設天朝欲差人常住爾國，豈亦爾國所能遵行？況西洋諸國甚多，非止爾一國，……豈能因爾國王一人之請，以致更張天朝百餘年法度？[036]

毫無疑問，對於英方提出的其他各項要求，中方也以同理一一嚴加拒絕。至於那個不肯向皇上跪拜的貢使馬加爾尼，乾隆在敕文中諭道：「（該貢使）大乖仰體天朝加惠遠人、撫育四夷之道。」、「念爾國僻居荒遠，間隔重瀛，於天

---

[033] 〈英使馬戛爾尼來聘案〉，載故宮博物院《掌故叢編》第八輯。
[034] 《清朝續文獻通考》卷三〇〇。
[035] 《清朝續文獻通考》卷三〇〇。
[036] 《清朝續文獻通考》卷三〇〇。

朝體制原未諳習，是以命大臣等向使臣等詳加開導。」[037]

二十三年過去了，嘉慶二十一年（西元一八一六年），英國又派出了一位新的使節阿美士德前來北京，請求中國允許擴大廣州通商貿易等事宜。中國方面又一次把對方這次外交行動理解為對方「向心效順」新的表示。禮部官員們原先已為接納這位新的英吉利貢使而擬定了全套日程安排。其中包括：凡未曾諳熟三跪九叩之禮的外夷貢使及隨行人員，抵京後由專人教習其叩跪之禮，使其不致在皇帝陛見時倉皇失措，顯得沒有教養。來使進京的第一天（預定為八月初七）安排貢使朝見皇上；第二天於正大光明殿賜宴頒賞；第三天向皇上辭行，同日，賜游禁苑萬壽山；第四天於太和殿頒賞，並由禮部設宴遣行等等。[038] 戶部尚書和世泰奉旨專程趕到天津，負責料理英吉利貢使從大沽上岸後的一切有關事宜。[039] 中國官員事先曾向皇上保證，英吉利貢使的覲見必可如儀完成，整套「節目」將有條不紊，切合給予一個夷狄之國的貢使應有的禮遇。當年馬加爾尼覲見先帝時的唐突行為絕不允許在這次覲見時再次重演。

然而，這位尚書大人的錦囊妙計竟是一種別出心裁的疲勞

<hr>

[037] 《清朝續文獻通考》卷三〇〇。
[038] 嘉慶帝致英王敕諭（八月三十日），引自《中西紀事》卷二〈猾夏之漸〉。
[039] 嘉慶帝致英王敕諭（八月三十日），引自《中西紀事》卷二〈猾夏之漸〉。又見王之春編《國朝柔遠記》。

戰術。是日，阿美士德特使乘船抵達大沽，剛一上岸立即被載往北京。一路上，木輪馬車在半夜的坎坷不平的驛道上顛簸不堪，疲勞已極的特使請求停車宿夜。這一要求自然不會得到允許。[040] 經過一晝夜馬不停蹄的震動和搖晃以後，凌晨，馬車突然停了下來。塵垢滿面的英國特使發現自己被帶到一處富麗堂皇的宮殿之前。透過濛濛的晨霧，他看到一群身穿盛服的清朝官員正準備上朝。朝廷大臣們滿心以為這個不肯行跪拜禮的貢使，經過長途跋涉和一整夜沒有闔眼的顛簸旅行之後，一定神志不清，加之圓明園內這如此壯觀的朝會場面，也會使這個夷狄之國的貢使倉皇失措 —— 大概就會毫無主張地聽從禮部官員的擺布。[041] 三跪九叩之禮便會如儀完成。

　　嘉慶皇帝已經升殿，坐在高高的寶座上，等待著英吉利貢使行跪拜禮並向他表示崇高的敬意。然而，阿美士德與其副使馬禮遜卻堅絕不肯入殿。中國官員則堅持他們必須立即入殿並下跪。雙方再次相持不下。當時的窘狀是可想而知的。和世泰等中國官員更是心急如焚，以致中國大臣們幾乎達到動手拖拉阿美士德入殿下跪的地步。[042]

---

[040]　嘉慶帝致英王敕諭（八月三十日），引自《中西紀事》卷二〈猾夏之漸〉。又見王之春編《國朝柔遠記》。

[041]　德庇時：《中國聞見錄》第一卷，第 162 頁，轉引自《中華帝國對外關係史》第一卷，三聯書店 1957 年版，第 64 頁。

[042]　《中華帝國對外關係史》第一卷，三聯書店 1957 年版，第 63 頁。

　　阿美士德也確實有充分理由拒絕立即覲見皇上。他表示，他準備覲見中國皇帝時交遞的國書與身穿的禮服，都放在遠遠落在後面的輜重車上，而身上穿著沾滿泥垢的便裝覲見中國皇帝顯然是很不禮貌的。[043] 因此，他要求改日覲見皇上。這一理由顯然無懈可擊。

　　嘉慶皇帝已等得不耐煩了。那位自作聰明的戶部尚書和世泰在弄巧成拙之後，恐怕皇上追究其料理不善的責任，便向皇上謊稱貢使與副使自稱同時生了病，因而不願入朝云云。[044] 皇上聽罷大怒，立即下達逐客令:凡該使臣帶來的「貢禮」一概不收，派人伴押這位桀驁不馴的「貢使」出境。然而，當阿美士德及其使團狼狽離京之後，嘉慶皇帝又派欽使趕至北京郊外的良鄉，追上英國外交使團，開恩酌情收下部分「貢禮」，並賜給英吉利國王若干賞賚，以示寬大；同時還讓阿美士德帶去一份給英王的敕諭。

　　這份敕諭的大意是:皇上對遠隔重洋的英吉利國王「篤於恭順」、「輸誠慕化」，並派遣「貢使」來天朝效忠之事，「深為愉悅」，但對「貢使」在即將覲見的莊嚴時刻竟雙雙稱病的無禮行為加以譴責，又考慮到不能因使臣失禮而抹殺

---

[043] 《中華帝國對外關係史》第一卷，三聯書店 1957 年版，第 63 頁。又見王之春編《國朝柔遠記》。
[044] 《中西紀事》卷二〈猾夏之漸〉。又見王之春《國朝柔遠記》。

該國王在數萬里外奉表納贐的一片恭順誠意，因此特將「貢物」中的山水畫、肖像畫酌情收納一兩件，以表示對該國歸順誠心的嘉贊。同時，皇上還賜給白如意、大朝珠、大荷包各一件，以示懷柔遠夷之意。[045]

該敕諭中更有意思的是下面一段話：「天朝不寶遠物，凡爾國奇巧之器，也不視為珍異，只要爾國國君能使爾國百姓和睦安泰、保護好爾國疆土，朕就予以嘉許。以後爾國也不必時時派遣使臣不遠萬里前來朝貢，以免長途跋涉之苦。只須爾等傾心效順天朝，就可算得上向心王化」云云。[046]

阿美士德特使的外交活動，發生在鴉片戰爭以前二十四年。這是繼西元一七九三年馬加爾尼特使來華之後又一次徹底的外交失敗。但是，這絕不意味著大清帝國的外交勝利。

以文化史角度來看，清朝君臣與英國使節關於覲見禮儀的爭執，反映了中國傳統文化中的華夷等級秩序和觀念與現代國際外交觀念的嚴重對立和衝突。這種文化觀念衝突發生在一個龐大的封建帝國與一個用近代資本主義文明武裝起來的殖民帝國之間，從而不祥地預兆著：當一個沉湎在自我中心的古老民族不得不進入國際化競爭的時代，它將不得不為此付出慘重的代價。

---

[045]　梁廷枏：《粵海關志》卷二三。
[046]　梁廷枏：《粵海關志》卷二三。

一個深深沉睡的古老民族

對於一個民族來說，最可悲的莫過於在複雜而險惡的國際環境中喪失對周圍世界的判斷能力和自我意識。現代的中國人自然會問：是什麼原因使清王朝那些知書達禮的皇帝、百官和士大夫們，對國際社會的知識竟幼稚到如此地步？為什麼當時上自君王下至庶民百姓，竟無法分辨出近代英國與傳統夷狄存在著如此明顯而根本的差異？為什麼從堯舜禹時代就產生的文化心理和習慣性的文化偏見，到十九世紀時竟比歷史上任何時期都更強而有力地主宰著人們的頭腦，以至於人們的觀念、判斷、決策、理解，與國際現實之間的嚴重背離竟達到嘉慶詔諭中所表現出來的那種荒謬程度？

我們不應該忘記，這種華夷觀念在十九世紀的強化，這種以鬧劇形式表現出來的悲劇序幕，是在清王朝自十七世紀以來採取空前嚴厲的海禁政策和閉關政策之後，才有可能出現的。當一個民族把大門反鎖，並杜絕了自己的耳目視聽，從而人為地堵塞了有關外部世界的資訊來源時，一方面，它便有了比以往更充分的理由相信自己處於「聲教迄於四海」的天下中心地位，另一方面，當這種作繭自縛使它陷於種種歷史性錯覺的時候，它將不得不承受現實冷酷的報復。

　　至少在明末清初以前，華夏與外部世界之間的文化經濟交流的管道沒有完全堵塞。就以明代萬曆年間而言，義大利傳教士利瑪竇神父可以與中國士大夫及中央和地方的官員私下自由往來，他的居室裡往往賓客滿座，以致時時到了沒有閒暇的地步。這種文化交流至少使中國士大夫中的部分人士對外部世界保持著一定限度的了解和文化好奇心，並在一定程度上有助於防止華夏中心論的意識畸變到盲目自大的愚妄地步。

利瑪竇與徐光啟。在明末，天主教徒徐光啟可以稱得上是中西文化交流的「先行者」，翻譯有歐幾里德（Euclid）《幾何原本》（Elements）的前六卷，並制定了脫胎於西洋曆法的《崇禎曆書》。

　　然而到了康熙中葉以後，由於清代閉關自守傾向比明代有了進一步加強，還由於以利瑪竇為代表的西學東漸運動的失敗，中外文化交流的涓涓細流也從此幾乎全部中斷。乾隆中葉，原來的四口通商改為只有廣州一口通商。清代法令規定，不准中國人出洋，不准「夷商」在廣州住冬，不准「夷商」購買中國書籍和學習中國語言文字。例如，一個名叫劉亞匾的中國人，因教習外國商人學習漢文，於乾隆二十四年（西元一七五九年）被處以斬首極刑。[047]「夷商」在廣州貿易期間生活起居都受到極嚴格的監視，後來又規定了「洋夷」不允許入廣州城的規定。

　　我們不應該忘記，正是這種極度的文化封鎖政策與文化專制主義的密切結合，使中國人對外部世界的求知渴望幾乎被完全窒息了。一種孤陋寡聞而又妄自尊大的精神氣氛瀰漫在清代士大夫官紳們中間。清代雍正、乾隆以來，中國人對外部世界的知識幼稚荒謬與貧乏愚昧，社會風氣的閉塞，幾乎達到了現代人不可思議的地步。堪稱學識最淵博的乾嘉學派大師俞正燮稱：「洋人巧器，亦呼為鬼工，而羅剎安之，其自信知識在腦不在心。蓋為人窮工極巧，可見心竅不開，在彼國為常，在中國則為怪也。」[048] 又例如，就是連魏源這

---

[047]　轉引自張德昌：〈清代鴉片戰爭前之中西沿海通商〉，載《清華學報》十卷期（1935 年 1 月）。

[048]　俞正燮：〈天主教記〉，《癸巳存稿》卷十五。

樣的思想家，其最進步的名著《海國圖志》竟是根據方士煉
陰補陽、取人精髓的迷信傳說來記敘天主教是怎樣傳教的：

> 受教者先令吞丸一枚，歸則毀祖先神主，一心奉教，
> 至死不移。有洩其術者，服下藥，見廁中有物蠕動。洗視
> 之，則女形寸許，眉目如生，詰之本師，曰：「此乃天主聖母
> 也。」

> 凡入教人病將死，必報其師。師至，則妻子皆跽（音同
> 「記」，長跪）室外，不許入，良久氣絕，則教師以白布囊死
> 人之首，不許解視，蓋目睛已被取去矣。有偽入教者，欲試
> 其術，乃佯病數日不食，報其師至，（師）果持小刀進前，將
> 取睛，其人奮擊之，乃踉蹌遁。聞夷市中國鉛百斤，可煎文
> 銀八斤。其餘九十二斤仍可賣還原價。唯其銀必以華人睛點
> 之乃可用。而西洋人之睛不濟事也。[049]

　　現代中國人讀了這段載於《海國圖志》的「天主教」條
的記敘，不能不產生一個疑問：為什麼當時最先進的人物，
對西方文化的了解竟低下到這等地步？既然當時最高知識程
度的人物見解尚且如此，那麼一般士大夫正統派及庶民百
姓，對外部世界的愚昧無知達到何等地步，便可想而知了。
把明末徐光啟對西方文化的認識水準與魏源相比較，也就是
說，把兩個時代最先進的人物對同一事物的認識程度相比

---

[049]　魏源：《海國圖志》「天主教」條。

較，我們不能不看到這是一種何等嚴重的倒退。

我們不應該忘記，在十九世紀中葉，即使像林則徐這樣的傑出人物，仍然是以「中國只要閉關絕市，便能置英國於死地」這種判斷來作為最初決策前提的。他在〈擬諭英吉利國王檄〉中表現了這種文化觀念：

> 貴國王累世相傳，皆稱恭順，觀歷次進貢表文……竊喜貴國王深明大義，感激天恩。是以天朝柔懷綏遠，倍加優禮，貿易之利，垂二百年，該國所以富庶，賴有此也。

> 況如茶葉大黃，外國所不可一日無也。中國若靳其利而不恤其害，則夷人何以為生？又外國之呢羽嗶嘰，非得中國絲斤，不能成織。……外國所必須者，曷可勝數，而外來之物，皆不過以供玩好，可有可無，即非中國要需，何難閉關絕市？ [050]

我們不應該忘記，閉關自守的海禁政策造成的自蔽聰明與華夏中心論的盲目自大相結合，是導致鴉片戰爭失敗的不容忽視的原因之一。林則徐曾深信「英兵腿足伸展不便」[051]；耆英稱英兵在夜間「目光昏暗」[052]；駱秉章奏稱英兵以「象皮銅片包護上身，刀刃不能傷」，因而只須「以

---

[050]　〈擬諭英吉利國王檄〉，《林文忠公政書》卷四。
[051]　轉引自陳恭祿：《中國近代史》，商務印書館 1936 年版，第 74 頁。
[052]　轉引自陳恭祿：《中國近代史》，商務印書館 1936 年版，第 74 頁。

長梃俯擊其足，便可使其應手即倒」[053]。道光皇帝的批語是「眾口一辭，信然」[054]。一位福建舉人黃惠田所呈交道光皇帝的〈平英策略〉更是一派夢囈之言：「逆夷（英兵）由安海放椗而來，日食乾糧，不敢燃火，其地黑暗，須半月日始出口，方至息辣。」[055] 這份充滿無稽之談的奏疏，竟為清朝各級官員所相信，並逐級上達朝廷，足見清朝士大夫官紳對外知識及判斷能力退化到何等低下的地步！

當一個國家的命運是由這樣的統治階級所掌握的時候，當一個民族中最先進、學識最淵博的人與當時最保守的人均處於一個層次的認知的時候，人們有什麼理由指望一場戰爭能在這種條件下取得勝利？

我們還不應該忘記，一種畸形發展的自我中心的文化心理，是與清中葉大興文字獄以後普遍麻木的時代精神氣氛不可分割地連繫在一起的。正是這種精神氣氛，使人們對專制皇權的崇拜，發展到一個前所未有的高度。這種皇權崇拜反過來窒息了人們的獨立思考能力、對新鮮事物的求知慾望，以及人們適應新的環境所必需的、創造性的精神活力。

嘉慶二十年（西元一八一五年），正是英國特使阿美士德（William Pitt Amherst）來中國的前一年，龔自珍曾以沉

---

[053]　轉引自陳恭祿：《中國近代史》，商務印書館 1936 年版，第 74 頁。
[054]　轉引自陳恭祿：《中國近代史》，商務印書館 1936 年版，第 74 頁。
[055]　轉引自陳恭祿：《中國近代史》，商務印書館 1936 年版，第 74 頁。

鬱、悲憤的心情，如此描繪了當時中國思想界的極度消沉和
僵化狀況。他寫道：那是一個「文類治世、名類治世、聲音
笑貌類治世」的「衰世」時代，那是一個人心混混、朝廷無
才相、兵營無才將、學校無才士、田野無才農、居宅無才
工、工場無才匠、街市無才商的時代。那是一個甚至連才偷
和才盜都沒有的時代，在這樣的時代，一旦有才者降生，那
麼將會有千百個庸碌無才者去督責他、束縛他、扼殺他。人
們用的不是刀鋸，不是水火，而是用文名和聲音笑貌來扼殺
他那能憂傷、能悲憤、能思慮、能有所作為的心，扼殺他那
顆懂得廉恥的、沒有雜質的心。當有才者自料不能擺脫被扼
殺的命運，他就早夜號哭以求天下大治，求治不得，則早夜
號哭以求天下大亂！[056]

　　龔自珍的這段話語，宛如黑暗的墓地裡發自一個活人
的淒厲摧心的吶喊，劃破了荒野的沉寂。然而，回答他的仍
然是荒野的沉寂。這個曾經誕生過屈原、李白、杜甫的古老
的偉大民族已經深深地沉睡了。它睡得那樣深沉，以至於
二十五年以後，鴉片戰爭的幾聲炮鳴根本不足以使人們驚醒。

　　當西方挑戰來臨的時候，我們這個民族必須同時擺脫
千百年來的業已根深蒂固的文化心理惰性和麻木愚鈍的精神
狀態。這是牢牢束縛著這個古老民族的雙重精神羈絆，它們

[056] 龔自珍：〈乙丙之際著議第九〉，《定庵文集》卷上。

此刻已不僅僅是被動的歷史沉澱物，它們簡直是一種活生生的、強而有力的幽靈和怪物，民族的求生意志將注定不得不與這些幽怪進行殊死的鬥爭。這就決定了近代中國人走向世界的歷程（與世界上任何古老民族相比）必然是一個充滿痛苦的內心衝突、異常曲折艱辛的精神歷程。

第二章
正統士大夫是怎樣認知西方事物的

《論語》一書，綜百王之大法。凡吾人所欲言，無不於數千百年前言之。

[清]葉德輝：〈明教〉

研究士大夫群體認知心理的意義

鴉片戰爭之後，西方近代科學技術及輪船、火車、電報、機器等物質文明產物，在中西文化衝突中，日益顯示出中國人前所未知的巨大物質力量。然而，絕大多數士大夫，卻總是把這些來自西方的新異事物當作異端來排斥。在士大夫中，那些「自命為正人者，動以不談洋務為高，見有講求西學者，則斥之曰名教罪人、士林敗類」[057]，甚至一旦「論及西洋事宜，相與譁然，以為誇獎外人，得罪公議」，「切切焉以評論西人長處為大戒」。這是一種普遍存在於士大夫中的群體性的社會價值觀念。

自道光中葉以來，在歷經咸豐、同治、光緒四朝的半個多世紀中，中國士大夫中的大多數人，面對西方侵略和西方文化挑戰的嚴峻局勢，他們作出的基本選擇是，以傳統儒家文化的固有觀念和價值尺度為標準，來頑強地排斥西學的傳入，並以此作為擺脫民族危機的基本方針。這種觀念和方針，曾強而有力地主宰了鴉片戰爭以後好幾代中國士大夫的頭腦，形成了一股遍及全國的「守其所已知，拒其所未聞」的國粹思潮。一直到十九世紀末至二十世紀初，隨著整個士大夫階級的沒落，中國知識界的社會心態才發生了急遽卻為時甚晚的轉折。

---

[057]　鄭觀應：《盛世危言・西學》。

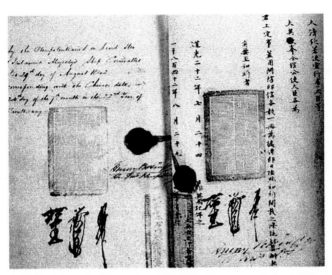

《南京條約》中英文約本接縫處，兩國代表「清政府欽差大臣耆英、英國全權代表璞鼎查（Sir Henry Pottinger）」簽字、用印情形；紅色火漆上印有大英帝國國徽。

近代中國士大夫階級中的大多數人對待西方文化的國粹態度和思想立場，是如此頑強而有力，帶有如此的普遍性，甚至慷慨激昂地把反對西學視為自己道義上的責任。

在本章裡，我們將把觀察點轉移到士大夫的群體認知心理這一層次。我們將分析產生近代國粹思潮的認知心理原因。更具體地說，我們要分析的是，一般正統士大夫是怎樣把西學判斷為消極的乃至邪惡的東西的？士大夫在認識過程中存在著一種什麼樣的機制，引導著他們在邏輯上、理性上作出否定西學的判斷？

我們將分兩個步驟來研究這個問題。首先，我們將考察近代正統派士大夫在自己的思維中是怎樣對西學這一客體對象進行認知、理解和概念歸類的。其次，當士大夫在自己的思維中完成對西學的概念歸類以後，又運用什麼方法對西學予以價值評價。

這種評價西學的價值尺度，又是從什麼地方、以什麼方式取得的。

這裡，還須指出的是，我們分析的對象是近代士大夫的群體認知心理機制。這裡所說的群體認知心理，指的是一種典型認知心理。

這種典型心理既不是每個士大夫個體心理的「總和」，也不是這些個體心理的「平均值」。換言之，由於每個士大夫的經歷、遭遇、既得利益、個性氣質各不相同，所以各人吸收這種典型心理的程度是不同的。[058] 更具體地說，保守正統派展現的這種典型心理機制階層的滲透性，在時間上又是如此歷久不衰，實在是中國文化史上和世界文化史上一個十分值得注意的問題。

造成這種國粹思潮的原因是什麼？我們在第一章裡分析過傳統華夏中心論的文化心理惰性，指出這對士大夫排斥西

---

[058]　蘇聯學者 Г.М. 安德烈耶娃在《社會心理學》（上海翻譯出版公司 1984 年版）一書中，曾提出群體心理與個體心理之間的關係這一精闢見解。參見該書第184頁。

學的國粹態度的形成，有過毋庸置疑的消極影響。但是，單純的文化心理惰性，不足以充分解釋，在鴉片戰爭以後長達半個多世紀的歷史時期，當西學業已多方面地向中國人展示了其實際威力和效用的情況下，廣大正統士大夫階級為什麼仍然頑強地堅持其國粹立場來反對西方文明。比他們更開通的洋務派則較多地擺脫了這種典型心理，而比洋務派更激進的維新派則更大程度地擺脫了其影響。

各人的社會經歷、個性特質與這種作為集體經驗的典型心理不同比例的結合，從而使士大夫的思想呈現出千姿百態。儘管如此，我們還是要指出，這種典型心理既然是從大多數士大夫的國粹表現中抽象出來的，那麼它當然為大多數人所共有。中華民族在近代史上的種種不幸，就主觀方面而言，恰恰在於，在中國特殊的歷史文化條件下，有幸擺脫這種典型心理模式支配的士大夫為數實在太少了。

認知心理中的兩種機制

在對近代中國士大夫認識西學的思維過程進行考察以前，我們將簡略地闡述一下有關認知結構的概念，它將是我們進行討論的必要前提。

從認知心理學角度來看，人作為認識主體，是運用自己思維中內在的認知結構作為框架來認識外界客觀事物的。這

裡指的認知結構，就是由一系列在特定的歷史文化條件下形成的概念、範疇彼此結合而成的思維網絡。所謂對客體對象的認知，就是人們運用自己認知結構中的概念、範疇和術語，來表徵和描述他所感知到的外部客觀事物。

因此，當人們運用自己的概念、範疇、術語，對外部客體的資訊和感覺材料加以攝取、包容之後，客體對象在人的思維中就轉換為主體所能理解和接受的語詞形態。

根據現代著名的瑞士心理學家、認知發展理論的創始者皮亞傑（Jean Piaget，西元一八九六至一八九〇年）對人的認知心理機制的研究結果，人們對外部客體對象的認識過程，存在著兩個相互對立又相互依存的機制。一種機制是，當某一外部客體作用於人的思維時，它與主體的概念範疇中現存的語詞直接吻合，從而能夠順利地被主體認知結構予以吸收，進而直接轉換為主體認知結構內部的語詞指號。

例如，海面上移動的龐大物體這一外部客體對象的資訊，透過主體高度組織化的思維線路，與主體概念庫中的「船」這一概念相吻合。於是，主體在思維架構中就用「船」這一語詞來表徵那個在海上移動的龐大物體，並完成了對該客體對象的認知。換言之，主體無須對自己原有的認知結構本身予以內部調整和改變，就能夠在思維中吸收、同化和包容這一外部刺激，完成對外部刺激物即客體對象予以認知的

功能。由於外部刺激直接轉換為人的思維中的語詞形態，我們可以說，外部客體刺激在人的思維中被主體原有的認知結構予以同化（assimilation），根據皮亞傑的認知發展理論，我們通常把這種認知機制稱為同化機制。

主體對客體認知的過程還會碰到另一種情況。例如，當某一種特異的新奇事物刺激人的感覺和思維時，主體在自己原有的概念庫中有找不到適當的、對應的語彙來準確地表徵這一外部對象，換言之，外部事物不能與人的認知結構中原有的所有概念直接吻合和匹配。既然認知結構無法直接吸收該外部刺激，為了克服這一困境，主體必須對自身的認知結構進行內部調節，補充乃至改組，以最終順應對該特異客體在自己的認知結構中吸收的功能要求。例如，主體可以重新建構一些新的語詞概念和範疇，以便在思維中準確地表述該特異對象的客觀性狀和特殊的運動形式。當上述對認知結構自我更新的方法仍不足以實現在主體認知結構內部吸收和同化該對象的功能時，主體還可以進一步擴充、改組認知結構本身等等。簡而言之，這種透過對主體自身的認知結構進行自我改變，來順應客體對象的特殊屬性的認知方式，在皮亞傑的認知發展理論中，被稱為調適或順應（accomodation）機制，也可稱為結構改組機制。這種調適機制能使主體透過對自己認知結構的不斷自我更新，來適應認識客觀世界的需

要。同化與調適的相互配合和平衡，使主體極大地深化和豐富了對客觀世界的認知能力。

這裡，我們還須指出的是，同化與調適機制各有其不可替代的認識功效和作用。同化機制特別適合於主體對外部世界中周而復始的、循環出現的熟知對象迅速加以處理、分類和編碼的功能。但是，同化作用對於非常狀態的、突變性的事物，對於舊環境中萌發出來的新鮮事物和異質事物的認知，則往往顯得無能為力和難以勝任，這時，調適機制就有了用武之地。

同化與調適是兩個相互依存和補充的認知機制，但並非對任何主體來說，在任何條件下，兩者都處於完全平衡的狀態。正如皮亞傑所指出的：「當同化勝過調適時，就會出現自我中心主義的思想，甚至表現出自我傾向。」[059] 這一論斷表明，就某一特定主體而言，同化與調適這兩種機制並非總是平衡協調的。過強的同化傾向與主體認知客體過程中的自我中心主義傾向，存在著一定的因果關係，這一點對於我們以後的分析研究有著十分重要的啟示意義。

中國傳統觀念的三個特點

在對認知過程的兩種不同機制作了簡略的敘述之後，下

---

[059]《西方心理學家文選》，人民教育出版社 1983 年版，第 32 頁。

面，我們要研究的是，中國近代正統派士大夫面臨西方文化的衝擊時，他們是把西方事物的刺激透過同化的方式吸收、包容於自己固有的概念系統中，還是採取對其固有的認知結構予以自我更新的調適方式，來實現對西方異源事物的認識呢？

這是一個十分複雜而又十分關鍵的問題。在分析和論證這個問題之前，我們必須首先考察一下，中國傳統文化中的概念、範疇及語詞體系有什麼值得注意的特點。

首先，中國傳統的理論範疇與概念，一個最引人注目的特點，就是它的意會性。

所謂意會性，就是說，人們並不是透過對某一概念的嚴格邏輯定義和界說，來掌握和認識這一概念的外延和內涵的。換言之，人們不是透過抽象思維的方法，而是透過對該概念的上下文加以直觀領會的方法，來潛移默化地掌握這一概念的實際涵義。而且，一旦領悟了該概念的涵義，人們仍然不是經由概括的理論語言來對這一概念加以界說和定義。「只可意會，不可言傳」，是中國傳統哲學範疇與概念的一個重要特點。例如，但孔子卻從來沒有對「仁」、「禮」這些中心概念的意義規定絕對的標準。儘管如此，人們卻可以從《論語》語錄中數十次出現的「仁」、「禮」的相關表述，透過對這些行文的內容加以實踐、思考，便可以大致上意會到

「仁」、「禮」這些範疇的基本內涵。例如，「巧言令色鮮矣仁」，「唯仁者能好人，能惡人」，「能近取譬，可謂仁之方也已」，「志士仁人，無求生以害仁，有殺身以成仁」，「克己復禮為仁」等等，大致上都從不同側面把「仁」的內涵展現和勾勒了出來。透過對這些不同側面的整合，我們就可以意會到「仁」的基本意義。

同樣，人們也只能運用意會的方法去掌握「道」、「氣」、「理」這一類範疇的含義。我們的古代祖先似乎從理性萌芽時期開始，就善於從對具體運動中的自然萬物的直觀形象的感受中，去掌握高妙深奧的宇宙運動的哲理；然後，又借助於寓意、形象和比喻，直接表述和抒發自己對這種哲理的體驗。有些學者曾指出，中國古人的理論思維方法是從直觀體驗開始，跳躍過以概念元素的分解與綜合為特徵的抽象思維階段，而直接昇華為直覺，達到對人生哲理的頓悟。[060] 傳統中國人沒有充分發展起以概念元素的精密分解與綜合為特點的理論思維，但直覺性的意會性思維卻超常發達。同樣，也正是在這個意義上，「只可意會」與「不可言傳」乃是古代中國人思維傳統中兩個互為因果的特點。

中國傳統的理論範疇概念及思維方法的意會性，導致中

---

[060] 上海社會科學院哲學所紀樹立先生在 1984 年上海「東西方文化比較討論會」的發言中提出這一見解。

國傳統概念的第二個重要特點，就是它的內涵與外延的非確指性或模糊性。由於概念缺乏邏輯意義上的確指性和規定性，以致出現在後代人看來頗為奇怪的思想現象，即自古以來的傳統思想家和學者，都可以憑自己主觀上的意會，在不同意義上來使用「理」、「氣」、「道」、「性」、「命」、「心」、「體用」這類基本哲學範疇。他們完全不必顧忌旁人和前人是在什麼意義上來使用上述概念的。各人使用這些術語時，完全可以按自己的意思賦予這些術語以新的、前人所沒有用過的意義。同時，卻又不必對自己使用的術語加以重新定義和界說，指出自己的用法與前人的差異何在，仍然可以讓別人讀完自己的論著後，從上下文中意會該術語的指謂。

例如，在中國傳統術語中，「氣」便是一個典型的例子。古人根據蒸氣和煙霧的游移飄忽、時聚時散的流動狀態所產生的聯想，來比喻哲理意義上的某種變幻的、游離性的運動狀態，除了這種游離性的形象特徵外，「氣」這一哲學術語並沒有任何其他約定俗成的內容上的規定性。因此，任何一個中國傳統思想家，都可以把自己認為具有游離狀態的流動不居的某種事物，用「氣」這一術語來表徵之。在孟子那裡，「浩然之氣」中的「氣」，指的是人的內心中潛養著的、能給人以智慧和聰明的道德力量。在董仲舒那裡，「氣」是神祕的天的意志的表現。在煉丹方士那裡，「氣」又用來指謂人

類身體內的無形的生命力，這種生命力可以自由出入於人的身體。在《荀子》、《淮南子》那裡，「氣」指的又是構成物質性的天地萬物的原料。在張載、朱熹那裡，「氣」必須與「理」結合，才能產生宇宙萬物。人們對「氣」的涵義之所以具有如此巨大的差別，正是因為傳統範疇「氣」的內涵和外延本身是模糊的、缺乏規定性的。

正因為如此，人們可以相對自由地賦予它們以新的意義，而無須另外創造其他概念來表達自己的思想。例如，《大學》的「三綱領八條目」，把儒家的修身齊家治國平天下的倫理，簡化為一個公式。自兩漢到明清，幾乎所有的思想家，都可以利用這個神聖的公式作為發揮和闡述自己思想的方便理論框架。[061]因為「三綱八目」中的「大學之道」，「明德」、「親民」、「至善」、「天命之性」這類範疇和概念所固有的語義模糊性和意會性，給予人們充分廣闊的解釋幅度。以注經方法表達各人不同的思想意念，幾乎是古代哲學家們的傳統習慣和固有權利。

中國傳統的理論範疇與概念的第三個特點，是它的不可離析性或「板塊性」。既然一般傳統的抽象概念是由一些帶直觀感性意義的名詞透過借喻而演變過來的（例如「道」，即從「道路」中引申過來；「理」是從木紋上的條紋、條理

---

[061]　侯外廬：《明道編·序》，載《明道編》，中華書局 1959 年版，第 4 頁。

中引申過來;「氣」從氣霧流動狀態中引申過來),因此中國傳統的概念術語,往往具有不可分割的「板塊」性質,這種「板塊」既不能進一步分解為若干獨立的子概念,也不能與其他概念綜合為新概念。正如蒸氣、木紋、道路這些形象用語很難進行概念元素的分解一樣。中國傳統概念的直覺性很強,這一特點,使傳統中國人要表徵某一新異事物時,或表達自己思想中某一新觀念時,往往不能透過建構新概念的方法來完成這一任務,而只能從原有的概念術語的庫存中去尋找相近的術語,近似地表達自己的新觀念。因此,用「舊瓶裝新酒」的方法,襲用古老的、模糊度很大的術語,並用意會的方法賦予舊的術語新的涵義,以表達新的思想和表徵新異事物,就不能不成為傳統中國人表述和認識新異事物的基本方法。

綜上所述,中國傳統概念一般具有意會性(非定義性)、模糊性(非確指性)、板塊性(不可離析性)這三個基本特點。千百年來,中國人生活在以這種概念體系為思維手段的文化環境中,人們運用形象而精巧的比喻,同樣可以把最深奧複雜的思想,以意會的方式加以表達。例如,朱熹為了讓人們理解「理」雖為一,然其具體表現形態卻有千千萬萬這一複雜的命題,就把「理」比作懸在空中的山間的月亮,其光澤卻可遍及萬水千山。這個關於「月映萬川,理一

分殊」的著名比喻，足以使最缺乏抽象思辨能力的頭腦借此
領悟到高妙的哲理真諦，從而領悟聖賢昭示的微言大義。從
人們進入私塾的第一天起，「子曰詩云」就從此不絕於耳。然
而，令人驚訝的是，反覆吟誦之後，其中深奧的聖人哲理，
竟會到一定時候一通百通，豁然開朗，最後竟能出口成章，
寫出文章也不會出什麼文法錯誤，所謂「讀時不求甚解，會
心在牝牡驪黃之外」。意會性的學習與思維方法，也就這樣
一代一代地傳了下來。

強制性附會：
認知西方事物的途徑

　　自十九世紀中葉鴉片戰爭以來，那些「碧眼赤鬚」的西
方傳教士、商人和外交官們，在不平等條約的保護下，跨進
了中國歷來對外封閉的古老城門。他們出於自己的目的，從
大洋彼岸帶來了西方的科技文化，並向中國人展示新興的資
本主義物質文明的巨大威力。那些只知四書五經中的聖人之
學的中國近代士大夫們不得不運用自己的傳統認知結構和語
言概念來實現對西方文化及西方事物的認識和理解的功能。
這無疑是一種從來未曾經歷過的新情況。

　　我們知道，中國近代士大夫承襲的傳統認知結構、思維
方法及語言概念，是在沒有接觸西方近代文化的封閉性的歷

史條件下獨立產生、發展並規範化、定型化了的。傳統語彙中找不到可以直接地、確切地表述西方近代異質文化事物的現成語詞，來作為表述「西方人」、「科學」、「化學」、「技術」這類西方新異事物的概念符號。換言之，透過把西方事物直接同化於原有的認知結構之中的方法來實現對西方事物的客觀認知，是不可能的。那麼，近代士大夫運用什麼方法來克服這種認知障礙呢？

實際上，中國近代士大夫，並沒有在主觀上意識到這個認知障礙的存在。因為他們在這以前已經用一種習慣的方法自然而然地「解決」了這個困境：由於中國傳統概念與範疇具有前面所提到的意會性和模糊性，這就使它們具有一種以延伸其指謂範圍的方式來附會異質事物的客觀可能和條件。傳統概念是人們透過意會的方式來掌握的，近代中國士大夫只要在主觀上認為那些近代西方異質事物所表現出來的特徵性狀，與他們熟悉的某一傳統概念的含義雷同或大致吻合，按照他們習慣的思維方法，就可以直接使用這一傳統概念作為表徵該客體對象的術語。另一方面，如前所述，傳統概念術語的內涵與外延本身又是模糊的，缺乏邊際條件的規定性與邏輯上的嚴格定義，因此當士大夫用傳統術語直接來表徵異質西方事物時，主觀上也就不會感到有什麼不自然之處。

例如，近代士大夫由於鴉片戰爭以前閉關鎖國的社會歷

史條件限制，沒有見到過西方近代科學，如物理、化學、光學、數學、天文之類，中國傳統的概念中也沒有與之直接對應的現成語彙，但是，士大夫們主觀上認為他們通常熟知的「術數」這一傳統概念，在意義上與西方的科學最為接近，於是這個本來籠而統之用來表徵陰陽災異、八卦、占卜、星相、天文曆算、奇門遁甲、命相、測字以及其他種種預測國家與個人氣數命運的方術之學的術語，就可以被用來作為表徵西方天文、化學、物理、數學的語詞符號。從明萬曆年間義大利傳教士利瑪竇傳入西方科學起，直到十九世紀與二十世紀之交，一般正統中國士大夫從來就是用看待傳統術數的目光來看待和認識西方近代科學的。一直到了二十世紀初，「賽因斯」這個對應於英文 Science 的音譯名詞，才代替了「術數」，來履行表徵西方科學這一異質事物的功用。而「科學」這一現代漢語名詞來取代「賽因斯」，則是二十世紀更晚的事情。

　　基於同樣的原因，近代士大夫用「百工技巧」、「機巧」、「藝技」、「雜技」等古代傳統概念來表徵近代西方資本主義的工業技術，從而把這種代表巨大生產力的新事物與中國傳統意義上的營建城郭都邑及製作宮室車服器械的工匠之學視為同一範疇，使兩者混為一談而不必作任何根本的區分。

同樣，闖入中國禮儀之邦的西洋人，既然來自「荒遠無稽」之地，又根本不理會中國的禮儀法度，因此用歷來表徵不曾受到禮樂教化薰沐的、粗野無文的異邦人的名詞——「夷狄」，來指謂這類遠渡重洋的西方人，便是自然而然的了。為了顯示這類西方人與歷史上來自草原或山野的東夷、南蠻、西戎、北狄的差異，只需在「夷」字之前加上一個「洋」字作為限定語，便足以解決問題。

在大清帝國的士大夫們看來，此類洋夷與中國的交涉，處處悖離「以臣事君」、「以卑承尊」的綱常秩序，且又無惡不作，使百姓生命財產遭到巨大損失。這又很自然可以附會到中國歷史上四夷對中原無理侵擾的行為方式上去。因此，鴉片戰爭以來，人們又用「猾夏」（猾，此為擾亂之意）來表徵這種事態。[062]

同樣，反對和抵抗「洋夷」入侵，自然可以沿襲「尊夏攘夷」的術語來概括之。而鴉片戰爭，這場封建中國與近代資本主義西方強國之間的國際戰爭，仍然可以歸類於華夏與夷狄之間的戰爭類型之中。故當時朝野上下，一致使用「剿夷」、「討逆」之類的提法。

基於同樣的原因，西方列強以艦炮為後盾迫使中國簽訂不平等條約，也可以歸類到華夏人與夷狄之間那種傳統條

---

[062] 例如，清代夏燮的《中西紀事》有〈猾夏之漸〉一卷。

約類型中去，從而把西方列強提出的種種要求稱為「籲請天恩」。西方資本主義國家商人的通商要求，則可以附會為「商賈之故技」。與外國的國際通商貿易，則可以用歷史上中國與四夷的「互市」、「通市」這類古老術語表述之。基督教與儒家正統綱常分庭抗禮，那自然就是「邪門左道」，故也可以一概名之為「祅教」。在近代中國士大夫撰寫的種種奏疏、雜著和書信等文獻中，人們可以發現一個值得注意的問題：凡是論及與西方交涉的相關問題時，凡是提及西方文化及西方事物的相關事項時，幾乎全部是使用中國傳統範疇、概念的原有古老術語，來直接表述西方異質事物。這些術語在明清以前，甚至在南宋以前幾乎早已全部形成。

中國近代士大夫對西方文化挑戰的這種反應，是一種特別值得研究的文化現象。它表明，由於傳統中國文化的範疇與概念的意會性，外延內涵的邊際條件的非確指性、模糊性，使士大夫運用這類概念來表述近代西方異源事物時，就有了用主觀上任意擴大傳統概念的外延指謂範圍的方式來容納、包容西方事物的可能性和彈性。這是一種十分方便省力地表述中國人從未經見的異質事物的方法。其結果，使西方新異事物立即被輕而易舉地歸類到中國士大夫原有的認知結構中及範疇體系中，轉換為中國士大夫可以直接「理解」的概念形態。這種認知方法，不同於前面提到的同化機制和調

適機制。它表現了認知的一種扭曲。在理應採用調適調整方法來認知客體對象的時候，士大夫們卻仍然沿用同化方法來認知西方異質事物，用古老的概念來「響應」異質事物。我們可以把這種認知途徑稱為強制型同化機制，或簡稱為硬性附會方法，以示對上述同化與調適方法的根本差異。

一旦中國士大夫採用了意會方法，選擇「夷狄」來表徵近代西方人，即使逐漸意識到西方人並非物質文明發展水準低下的那種意義上的粗野無文，也難以對「洋夷」這一概念進行改建。因為「夷」、「狄」本身是和其他傳統語詞一樣，具有不可離析性。因此，一切西方事物，便不得不「將就」地在這一術語下予以表徵。例如：「夷人」、「夷俗」、「夷化」、「夷國」、「夷船」、「夷商」、「夷器」、「夷法」等等，舉凡西方事物，均冠以「夷」字。連從事國際間的外交事務，也在正式的官方文件中稱為「籌辦夷務」。這種約定俗成的用法，要經過相當長的時期以後，才能被部分較前衛的士大夫摒棄，而代之以另外一些完全不用「夷」字的新名詞。而把「洋人」作為「夷狄」來對待的這種先入之見，卻在正統派中根深蒂固，難以破除。

《倫敦新聞畫報》西元一八六一年一月五日刊，北京街景，一大群天朝子民在圍觀「蠻夷」。在城樓前的一個十字街口密密麻麻地站著一大群驚訝不已的北京居民。

總理衙門。「中外禔福」就是中外安福的意思。祈求平安無事，算是晚清外交的真實寫照。

這種附會性認知的結果是，由於認知主體（即近代正統士大夫）在對新異事物的客觀性狀特徵及本質屬性尚未認知以前，就匆忙地把對象歸類於傳統範疇術語之中，從而使自己失去了對其性狀、屬性進行辨識和深入理解的可能性。

近代正統士大夫們並沒有切實地，哪怕是膚淺地，了解近代西方的科學技術、工業制度、政治制度、民族風俗、文化價值觀念以及國際通商貿易法則和外交慣例等近代新事物，卻用硬性附會的方法來表徵及描述這些新異事物，於是就使人們的精神狀態、心態和意念仍然被籠罩在中古時代的陳舊術語編織的範疇網絡之中。這使他們在不知不覺中作繭自縛，並自信這個世界上並沒有任何新異的東西需要他們費盡心智去重新認識。既然明明具有新特質的西方事物被傳統術語層層掩蓋起來，他們就自然地認為來自西方的「夷狄」、「術數」、「機巧」、「祅教」完全不出於吾聖人先賢論述的大載大覆之外，以至於他們從來不曾設想要對西方挑戰另闢蹊徑來重新認識和反省。

此外，這種對西方近代事物的強制附會性「認知」，導致觀念與現實的嚴重悖離。換言之，採用古老的傳統術語為「名」，來表述西方近代資本主義文明之「實」，必然是名不副實。此後，中國近代士大夫在西方挑戰日益強化、西方文化對中國傳統文化衝擊日益加深的情況下，不斷陷入難以自

拔的思維困境，並且總是以觀念與現實悖離的方式來錯誤地應付民族危機，都與這種認知方法的失誤有密切關係。

這是刊載於西元一八七三年《倫敦新聞畫報》上的一張以照片為母本的銅版畫，標題為「北京外交部」（總理衙門）。照片雖然沒有拍攝者，從時間和內容看，應該是著名的英國攝影師約翰‧湯姆森（John Thomson）於西元一八七一年初冬拍攝的。其中人物為總理各國事務衙門大臣，自左起：寶鋆、毛昶熙、恭親王奕訢、文祥、董恂、沈桂芬、成林。但此時，官員眼中的「夷務」一詞已轉變成了「洋務」。

評價西學的價值尺度：
來自聖學的投影

當近代正統派士大夫把西方人及西方異質事物附會為「洋夷」、「機巧」、「術數」、「夷學」並進而使之「同化」於自己的傳統認知結構後，下一思維步驟，便是對西方的科學和工業技術這類事物進行評價，以決定對它們的取捨了。

人們對具體事物進行評價和取捨，必須依循某種尺度和標準。這種尺度從何而來？大致而言，評價尺度的來源可以透過兩種不同的途逕取得，一種方式是對相關事實的資訊進行歸納，透過資訊綜合，提出假說，然後考察這一假說能否說明全部事實，並透過把事實與假說進行比較，進而修改、補充和豐富這一假說。這種過程是不斷反覆的。這一具體運思過程——假說的提出、修改、補充、驗證，乃是運思者獨立的創造性的發現過程。它本身具有「個人」或「個體」智力的性質。

另一種獲得評價尺度的思考途徑，則是根據某種先定的信條、原則、規範及外在的權威命題來作為前提，並從這種前提中演繹出針對具體問題的判斷尺度和取捨標準。就這一點而言，評價尺度，不是人們透過自己獨立的思維和歸納判斷取得的，而是在先定的權威規範中早已有之的。例如，一個中世紀神學家心目中的真理，乃是由《聖經》昭示的。用一個比喻來說，真理彷彿是天上的理想王國在人間的投影。

中國傳統士大夫的思維方式，屬於哪一種類型呢？顯然，自西漢罷黜百家，獨尊儒術以來，中國傳統士大夫的運思方法就大致上具有如下的特點：

首先，以「堯舜周公孔孟之道」即「聖人之學」，作為獲取判斷尺度的來源和最終依據。人們判斷是非、曲直、善

惡、真偽的尺度，是從先賢明哲的四書五經中嚴格推論、衍生出來的，並不需要人們運用個人的理智獨立去發現。這些尺度、準則和規範，作為千古不變的大經大法，早已由古代的聖賢們記載於「六經語孟」之中，並鉅細靡遺地昭示給後人了。從朱熹所稱「聖人之學」、「繼天立極」[063]，到近代士大夫葉德輝的「孔教為天理人心之至公」[064]，都表明這些聖學法則具有超越一切時代和地域的性質。而且，這些「終極真理」一旦被聖賢明哲發現，以後也不可能有一絲一毫的增加和損減。據朱熹《中庸章句·序》，（堯舜禹）「以天下之大聖，行天下之大事，而其授受之際，丁寧告戒，不過如此，則天下之理，豈有以加於此哉？」這足以表明聖學原則的永恆普遍性和穩定性。清末正統派人士朱一新稱：「五經四子之書，日用所共，如水火菽粟之不可缺，無論今文古文，皆以大中至正為歸，古今只此義理，何所庸其新奇，聞日新其德，未聞日新其義理也。」[065] 另一個正統派葉德輝也稱：「考之六經，從未聞棄舊如遺，悍然以開新為務者。」[066] 這些論斷都反映了作為判斷尺度的儒家信條的先驗性。

　　這些先驗性的原則與人們日常生活中的萬事萬物的關

---

[063]　朱熹：《大學章句·序》。
[064]　葉德輝：〈明教〉，《翼教叢編》卷四。
[065]　朱一新：〈復張孺第四書〉，《佩弦齋文存》卷上。
[066]　葉德輝：〈讀西學書法書後〉，《翼教叢編》卷四。

係，實際上是前者對後者的單向性的「投影」和「滲透」關係。只需引經據典，就可以從聖賢的大經大法中演繹和衍生出日常所需的行為準則和價值規範——「太虛一理，形為萬物，散為萬事，合則治，離則亂，順（之）則正，悖（之）則邪。……所謂要領者，亦理而已」[067]。這正是理學關於義理對萬物「投影」關係的明確闡釋。因此，在正統士大夫看來，對義理的任何偏離，只能是邪惡、醜陋、虛假和混亂。

因此，實際生活中所必需的具體知識和判斷，並不是人們對現實生活獨立觀察的結果，而是從聖人之學的一般原則中「投影」演繹出來的結果。例如，一位正統士大夫在光緒九年（西元一八八三年）所上的奏摺中，在列舉了內外交困的種種問題與大量時弊之後，便指出解決問題的關鍵就在於皇上應像康熙皇帝當年平「三藩之亂」時那樣，「親御經筵，熟讀六經」。在他看來，這是一個簡而易明、約而可守、體用兼賅的途徑。他認為只需這樣去做，一切困難自然迎刃而解，接下來就必然會出現一個「靖內攘外，諸務次第振興」的安泰局面。[068]

引用這一段話，並非因為它有什麼新意，而恰恰相反，是因為它沒有任何新意。千百年來，各個朝代的士大夫面對

---

[067]　徐明善：〈讀史要略〉，《芳谷集》卷三。
[068]　屠仁守：〈敬獻芻言疏〉（光緒九年一月），《屠光祿疏稿》卷一。

社會矛盾，都是以同樣的方式，甚至用同樣的語言，誠摯地向皇帝發出同樣的呼籲和懇請。在正統士大夫們看來，在這個世界上，沒有任何有關治國平天下的普遍原則不曾被聖賢發現，也沒有任何新的普遍原則需要我們發現。所謂「天下唯道與事而已」、「天理人情終古不變」、「數窮理極必返其本」，反映的正是傳統士大夫凝固化的思維模式。

　　一方面，我們應看到，從秦漢到南宋的漫長歷史歲月中，封建社會賴以長治久安的一般政治原則，如求賢，親君子，遠小人，慎守吏，修養心身，安民靖邊，經筵講學，抑商重農等等，均可在「六經」及程朱語錄中找到演繹的最終依據，從而顯示出聖人之學對應付傳統社會各類問題的作用和適應。這種適應被傳統士大夫一代復一代的體驗。這樣，引經據典來判斷現實事物的邪正，這種運思方法和途徑，也凝聚為一種頑強的、僵化了的思維習慣，沉澱於秦漢以來，尤其是南宋理學出現以來正統士大夫的認知心理結構中。久而久之，他們對什麼是旁門左道、異端邪說、妖誕怪語，什麼是聖賢世守的大經大法，具有十分發達的分辨神經和能力。根據聖學作為「投影」，演繹依據的思維習慣，幾乎成了一種條件反射。另一方面，對於未知世界的好奇心，對於探索大自然與人類社會規律的奧祕所必不可少的懷疑精神和

屈原式的上下求索精神，以及與這種求索精神相應的求異思維和創造思維，由於在現實中沒有立錐之地而相應地萎縮和退化了。雖然理學產生初期，也曾因其歷史合理性而造就了若干具有高度道德修養和歷史使命感的大儒（例如，張載就曾發出「為天地立心，為生民立命，為往聖繼絕學，為萬世開太平」這種前無古人的豪言壯語。作為中國歷史文化發展的一個自然階段，理學在包括「天人合一」的倫理哲學方面，也有過其歷史的合理內涵），然而被理學進一步強化了的尊古原則及聖學「投影式」的運思方法，千百年來，在士大夫頭腦中根深蒂固地累積下來，並在深層意識中無形地支配著人們的思考過程。到了清代中後期，除了寥若晨星的少數傑出人物，大多數士大夫已經無法擺脫這種傳統運思規則的束縛。清末的唐才常曾以一種辛辣的筆觸來刻畫清末那些「讀書酸子」思維方法的迂腐不堪，他指出：那些士子的心目中，「十六字心傳，五百年道統，及綱常名教、忠孝節廉、尊中國、攘夷狄，與夫堯、舜、禹、湯、文、武、周、孔之道脈，填胸溢臆，搖筆即來，且囂囂然曰：聖人之道，不外乎是。」[069] 毋庸置疑，「聖學投影」演繹式的思維方法，對這種僵化的社會人格的形成有著嚴重的消極影響。

---

[069] 唐才常：〈時文流毒中國論〉，《唐才常集》，中華書局 1980 年版，第 161 頁。

觀念與現實的悖離

現在，我們可以分析中國近代正統士大夫對西學的排斥態度，是透過怎樣的認知心理過程和機制實現的了。

這種思維過程的第一步是，士大夫以強制性同化的認知方法，把近代西方的種種異質的新奇事物，在思維中分別歸類到傳統的範疇、概念中去；然後，第二步則是，從「萬世不易」的聖人之學中直接推衍出評價西學的尺度。這樣，一旦「強制同化」的認知方法與「聖學投影」的思維運演法則結合為一體，其結果，勢必導致排斥、拒絕和否定西學的基本傾向。

下面，讓我們具體考察一下這一過程。

如前所述，西方列強在近代士大夫思維中被同化、附會於「夷狄」的範疇之中，西方政教則被視為「夷俗」。那麼，根據堯舜孔孟之道，「吾聞用夏變夷者，未聞變於夷者也」[070]，士大夫就理應把排斥西方「現代夷狄」，視為道義上的責任。同治、光緒時代，以清議自詡的正統人士「痛詆西學，目為異類」[071]，其理智上的依據就在於此。在他們看來，從事「鐵路製造」，則為「用夷變夏」[072]。而辦理洋務

---

[070]　《孟子·滕文公上》。
[071]　唐才常：〈上歐陽中鵠書〉，《唐才常集》，中華書局 1980 年版，第 228 頁。
[072]　唐才常：〈上歐陽中鵠書〉，《唐才常集》，中華書局 1980 年版，第 228 頁。

則屬於「沉迷夷俗」[073]。郭嵩燾出使英倫，則被視為「去父母之邦，入犬羊之國」。以副使身分隨同郭嵩燾出使歐洲的劉錫鴻，則自負以「攘斥夷狄」為己任。[074] 大學士倭仁在同治年間抵制創建京師同文館，其奏議中立論的依據就是：「讀書之人，講明禮義，或可維持人心，今復舉聰明雋秀、國家所培養而儲以有用者，變而從夷，正氣為之不伸，邪氣因而彌熾，數年之（以）後，不盡驅中國之眾咸歸夷不止。」[075]

　　這種把近代西方諸國一概視為夷狄的觀念，從認知心理角度而言，是從歷史上夷狄觀念中直接引申過來的。我們可以從當時士大夫中一些開明派人士對正統派上述觀念的批評中找到根據。

郭嵩燾

[073]　褚成博：〈變法宜先變人心摺〉，《堅正堂摺稿》卷上。
[074]　郭嵩燾：〈致黎純齋〉，《養知書屋文集》卷十三。
[075]　引自《國朝柔遠記》卷十六。

　　例如，曾紀澤指出：「平心而論，（西洋諸國）亦誠與島夷、社番、苗猺、獠獚，情勢判然。又安可因其禮義教化之不同，而遽援尊周攘夷之陳言以鄙之耶？」[076]

　　郭嵩燾也指出：「三代盛時，聖人政教所及，中土一隅而已，湖南、江浙，皆蠻夷也。……是所謂戎狄者，但據禮樂政教所及言之。其不服中國禮樂政教，而以寇鈔為事，謂之夷狄。為其倏盛倏衰，環起以立國者，宜以中國為宗也。非謂盡地球縱橫九萬里，皆為夷狄，獨中土一隅不問（其）政教風俗何若，可以凌駕而出其上也。」[077]

　　這種把近代歐美列強視為夷狄的觀念，按郭嵩燾的說法，正如同「今人與奴隸盜賊同席坐，則慚且怒。審知其非奴隸也，即慚與怒立釋」[078]。這一比喻生動地揭示了正統士大夫認知上的錯誤，導致一種認知心理和文化心理上的嚴重阻礙，以至不能在險惡的國際環境中合理地確立「所以自處與處人之道」[079]。

　　從一方面來看，認知心理上的這種障礙，在西方列強的侵凌步步緊逼的歷史條件下，在正統士大夫中間很容易激發起一種盲目虛驕的排外心理定勢，造成「人之富強，弗問

---

[076]　曾紀澤：〈巴黎復陳俊臣中丞〉，《曾紀澤遺集》，岳麓書社 1983 年版，第194 頁。
[077]　郭嵩燾：〈復姚彥嘉書〉，載朱克敬《柔遠新書》卷十六。
[078]　郭嵩燾：〈復姚彥嘉書〉，載朱克敬《柔遠新書》卷十六。
[079]　郭嵩燾：〈復姚彥嘉書〉，載朱克敬《柔遠新書》卷十六。

也，己之貧弱，弗知也，但一言外交，則『夷耳夷耳』，不知我之夷彼，而彼且夷我於三等土蠻也」[080]。在以後幾章裡我們將會進而分析這種盲目虛驕情緒，自光緒初年以來，如何在正統派士大夫中日益滋長，並在後來發展為一股非理性的國粹思潮。

另一方面，以「強制同化」與「聖學投影」相結合的認識機制來應付西方挑戰的方式，在同治、光緒時代的另一部分正統士大夫那裡，卻又可能導致他們走向另一種盲目樂觀的迂腐極端。在光緒中期之前，朝野士大夫中存在過一種可以姑且稱之為「泛教化論」的觀點，反映了這種畸形社會思潮。曾國藩的幕僚李元度，曾淋漓盡致地發揮了這種觀點。他認為，既然孔孟之教，「為天地立心，為生民立命，乃乾坤所繫以不敝者也」[081]，那麼洋夷就絕不可能長久「自外」於堯舜孔孟之道而不受這種「普遍真理」的感化。[082] 而且聖人有教無類，也絕不忍心讓「洋夷」始終處於「野蠻狀態」而不去對他們施以教化。那些「際天並海之夷，以千百國計，皆人也，有血氣，即有心智，皆可以人道治之」[083]。如

---

[080] 唐才常：〈各國猜忌實情論證〉，《唐才常集》，中華書局 1980 年版，第 127 頁。

[081] 李元度：《國朝柔遠記・李序》。

[082] 李元度：《國朝柔遠記・李序》。

[083] 李元度：〈答友人論異教書〉，見（葛士濬編）《皇朝經世文續編》，光緒十四年（1888）版。

今「天誘其衷」，使其「朋游於中土，而漸近吾禮義之俗，彼自知前者之蔑棄倫紀，不復可以為人」。「目下泰西諸國皆能識華文、仿中制，譯讀四子五經書，丕變其陋俗。」[084]

中國近代士大夫中的某些人士，其觀念與現實的悖離達到如此程度，不能不使後代的人們感到驚訝。但是，我們只需從正統士大夫的思維方法上來加以考察，就不難理解，為什麼像彭玉麟這樣的「中興名將」和像俞樾這樣的乾嘉學派大師，都曾成為「泛教化論」的積極提倡者。俞樾在為《國朝柔遠記》作序時提出一個「大九州說」的觀點，有助於我們研究士大夫得出「泛教化論」的思維特點。該文大意是：古人早已說過，天下分為大九州，神州是大九州之一，黃帝以來，中國教化文明僅限於神州以內，後世的人已漸遺忘大九州之說。如今泰西諸國與中國交往，帶來中國之外還存在有歐羅巴、利末亞、阿細亞、南北亞墨利加等大洲的消息。海外各大洲的發現，恰恰印證了先儒關於天下有大九州的說法是千真萬確的。既然神農以上統治大九州的是中國聖人，天下大勢，久合必分，久分必合，遠夷如今已紛紛前來中國，可見，中國勢將出大聖人，以恢復神農氏時代天下大一統的舊觀。[085]

---

[084]　李元度：《國朝柔遠記·李序》。
[085]　俞樾：《國朝柔遠記·俞序》。

從上述推理過程，人們可以發現，俞樾首先以「強制同化」的認知方法，把世界五大洲附會到晉人《帝王世紀》的大九州的概念之中，以便運用「聖人之學」作為演繹判斷的前提條件。接著，便以「天下中心論」、「天下久分必合論」、「聖人君臨論」作為具體演繹的大前提，從而得出中國儒家聖人必將統治包括「洋夷」在內的全世界這一結論。

根據這種「泛教化論」，「洋夷」自然會被中國聖人之教所吸引和召感，而中國人是無須問津西學的。又例如，朱克敬正是以這種「泛教化論」作為前提來進行論證的：

近日學西方者，多糟粕程朱，秕糠孔孟，讚美夷人，以為事事勝於中國，用夷變夏，即可自強，此大誤也。……今我方舍舊謀新，而彼乃廣購經史，教其國人誦習，我專學彼之短，彼盡得我之長。則強弱之勢愈懸，猾夏之禍愈烈，不數十年，衣冠禮義（儀）之邦，將成獸蹄鳥跡之區，此鄙人所大懼也。[086]

因此，在洋夷面前，我們無須改變傳統中國文化中任何現存的規範和原則，只需按聖人之學去「反（返）其本」，那麼一切內外交困的問題，都可迎刃而解，無須去「舍舊謀新」。所謂「返其本」，就是「省刑罰，薄稅斂，使士者皆欲仕於朝，耕者皆欲耕於野。商賈皆日（欲）出於其塗，鄰

[086] 朱克敬：〈謬戒〉，《柔遠新書》卷四。

087

國之民皆仰之如父母，如此者，在孟子時不過朝秦楚、莅中國，在今日則雖統大九州（島）而為之君，不難矣。」[087]

正統派為應付西方挑戰制定的基本策略就是「返聖學之本」，而不必理會那些遲早會被我們聖人的禮樂教化所同化的洋夷，更不必去模仿洋夷的風俗和末技。洋人儘管可以囂囂然於一時，但他們最終也必然只有「返其本」這唯一的歸宿。因為聖學就是天理，放之天下皆準，而「天理人情則終古不變」，洋夷歸化只是時間早晚問題。這些士大夫對洋人歸化的前景是如此樂觀，以至於一位叫鄧嘉績的士人認為，「中國之道，如洪爐鼓鑄，萬物都歸一冶，若五胡，若元魏，若遼金，若金元，今皆與吾不可分辨也。他時（洋人）終必如此。」[088]

近代士大夫的國粹思潮，不僅僅表現在對西方列國及西方人的盲目虛驕態度上，而且還大量表現為對西方近代科學技術與物質文明的否定與排斥的消極態度上。從他們的認知過程而言，造成這種消極態度的原因，則是與他們把西學附會為「機巧」、「術數」密切有關。

如前所述，在以「義理」為核心建立起來的理學價值體系中，「義理」為根本，而「機巧」、「術數」、「藝技」則只

---

[087]　俞樾：《國朝柔遠記‧俞序》。
[088]　鄧嘉績：〈復楊緝庵書〉，《扁善齋文存》上卷。

能歸於「末」的價值範疇中。既然正統士大夫把西學判別為「機巧」、「術數」、「藝技」，而對後者的價值判斷就只能按「聖人之學」的本末觀來加以演繹了。同治中期，大學士倭仁反對在京師開設同文館。他的這份著名奏疏中的議論具有典型性。倭氏認為：

> 立國之道，尚禮義不尚權謀。根本之圖，在人心不在技藝。今求一技之末，而又奉夷人為師。無論夷人詭譎，未必傳其精巧，既（即）使教者誠教，學者誠學，所成就者，不過術數之士。古今未聞有恃術數而起衰振弱者。[089]

西學既然被判識為「術數」，在「聖人之學」中，「術數」又屬於「本末」觀中的「末」的範疇，因此，西學就是一種消極的末技。它絕不可能「起衰振弱」，甚至往往還是衝擊、干擾「義理」的有害之物。例如，清流黨人徐致祥在光緒二十四年（西元一八九八年）正是沿這一思路引申出反對變法的保守結論：

> 中國二十年來，號稱通達時務者，動挾以西學惑世誣民，因緣為奸。……愚以為西人所資以富強者，法也，術也，藝也，不足以言學也。其自斃可立待也。[090]

同樣的分析方法還可見諸朱一新的下述議論：

---

[089] 引自《國朝柔遠記》卷十六。
[090] 徐致祥：〈瀝陳愚悃請釋眾疑摺〉，《嘉定先生奏議》卷下。

今（有人）不揣其本，而漫云改制，制則改矣，將毋義理亦與之俱改乎？百工製器之事，藝也，非理也。人心日偽，機巧日出……今以藝之未極其精，而欲變吾制度以徇之，且變吾義理以徇之，何異……拯溺而入於淵，是亦不可以已乎？[091]

退一步而言，在正統派看來，即使西學作為術數有其作用和功能，但中國已有自己的術數，既然同為術數，何必捨近求遠，捨己從人？例如，倭仁在前面所提到的同一奏議中稱：「天下之大，不患無才。如以天文算學必須講習，博採旁求，必有精其術者。何必夷人，何必師事夷人？」[092] 這一思路，在屠仁守一段關於西學的奏疏裡表現得更為具體：

西學之擅長者，亦精於天算格致。其學固中國所有，而尤得其統宗。即如算在六藝，古者次於德行。……漢多治歷之士，唐有明算之科……周程張邵朱子數大儒繼起，根極理要，尤莫不以格物致知為先務。是則中土伊古教法，體用賅貫，初無遺闕。且凡西土遞創西法，動謂中土所未聞者，如地圓、地動、地轉之說，《大戴禮》、《尚書考》、張子《正蒙》皆言之鑿鑿。光學則《墨子》經上經下篇奧指可尋。且在西人未悟其理以前。初非取資西法。若加以測驗，又何物不能

---

[091]　朱一新：〈復長孺第四書〉，《佩弦齋文存》卷上。
[092]　引自《國朝柔遠記》卷十六。

格，何事不能精。……不患無師，患不學也。[093]

透過以上分析，我們可以發現，當正統士大夫採取「強制同化」與「聖學演繹」相結合的方法來理解和處理近代西方異質事物時，他們往往可以透過兩種相反的途徑，來實現對該對象價值的否定和排斥。

第一種方式是，先把該對象附會為「夷狄」、「術數」，然後用「尊夏攘夷」、「內夏外夷」、「用夏變夷」以及「義理為本，術數為末」的先驗性的聖學原則為大前提，演繹出對該對象的否定性結論。例如，前面倭仁反對開設同文館的奏議即屬此類。

第二種方式是，對於新異的、業已在中西交涉中顯示出無可否認的實際威力的西方事物，則把對象附會為聖學中早已記載或中國古已有之的東西。然後，仍然從聖學原則中演繹出不必仿效西方的結論。例如，「大九州」觀念、「泛教化」論、天算格致為「中國所有，而尤得其統宗」、「西學自中國傳出」等等論斷即屬此類。

以上兩種途徑，分別以否定性的和包容性的形式，對西方事物加以意會的理解。然後，又以不同方式，對該事物進行排斥和摒棄。

在同治、光緒時代，在西方文化挑戰日益加強，民族危

---

[093] 屠仁守：〈奏陳變通書院章程疏〉，《屠光祿疏稿》卷四。

機日益加深的歷史條件下，同治、光緒時代的正統士大夫採用「同化－演繹」思維方法來應付西方挑戰，導致觀念與現實的極度悖離。這種思維方法不能使主體認知客體對象的性狀、屬性，反而成了人們應付環境的嚴重阻礙。

中國近代正統派士大夫是一個頗為奇特的階層。這些滿腹經綸、知書達禮的讀書人，在西方挑戰的強烈衝擊和刺激下，始終難於在觀念上適應變化了的歷史環境。這並非由於他們的智商低下。面對西方列強的侵凌，他們中大多數人也並不缺乏保家衛國的熱情和使命感。他們的頑固、守舊，遠遠超過後人的想像。傳統觀念的惰性，在當時是如此強大，不僅僅因為他們的價值體系以小農自然經濟為後盾，而且正如本章所分析的，還以頑固的認知心理結構與思維運演機制的相互配合為基礎。

這種認知思維方法是如此根深蒂固，幾乎像是正統派士大夫的生存本能一樣難以分離。人們甚至可以以顛倒的方式來理解現實為代價，來維持他們所崇信的堯舜孔孟之道信條原則的不可動搖性。正統士大夫在認識上的顛倒、錯亂和悖離，必將遭到歷史的無情報復。

第三章
一位清朝公使眼中的西洋文明

西洋如豪商大賈、金寶充溢,揮霍恣肆,凡其舉止應酬,役使傭僕,動用器具,皆為詩書世家所未經見,然終不如詩書遺澤之遠。

[清]劉錫鴻:

〈屢陳中西情形種種不同,火車鐵路勢不可行疏〉

身處異域的國粹派

　　在這一章裡，我們將對一位名叫劉錫鴻的士大夫的思想進行剖析，以便更具體地考察一下，在一個國粹派人士身上，傳統的認知心理機制與尊己卑人的文化優越意識之間是如何發生相互影響的。分析這種認知心理與文化心理之間的相互依存關係，有助於我們認識中國近代正統派士大夫的國粹傾向極度頑強的原因。

　　劉錫鴻是中國歷史上第一任駐柏林公使。他是廣東番禺人，咸豐同治年間曾在京城做過刑部員外郎的小官。光緒初年，郭嵩燾奉旨出使英倫，以了結英國傳教士馬嘉理（Augustus Raymond Margary）在雲南被殺的案件。劉氏求為郭嵩燾隨從，經郭氏向朝廷推薦，劉錫鴻被朝廷任命為副使，光緒二年（西元一八七六年），隨同郭嵩燾出使英倫，後來又改任駐柏林公使。

　　這位曾倚重郭嵩燾之力取得出洋資格的劉大人一到歐洲，就處處顯示出他是郭氏在思想見解上的死對頭。兩個人冤家路窄，幾乎如同冰炭一樣互不相容。郭嵩燾作為近代中國士大夫中最早的開明人物，在自己的日記中毫不掩飾對劉錫鴻國粹立場的厭惡和反感。他認為：「公使涉歷各國，正當考求其（國）有益處，不似劉欽差身行數萬里，見聞盡

廣,一意反手關自己大門。」、「其心必不欲使中國窺見西洋好處」,「一力攔阻人前進而已」[094]。而劉錫鴻在出洋期間,則先後向朝廷上了十封奏摺,對郭嵩燾猛烈抨擊,指斥他「蔑視國家制度,而取笑於洋人,是為無君」。郭氏無端受到攻擊,內心極為憤懣而又無可奈何,以至「鬱鬱成病」[095]。由於兩個人在國外不斷發生齟齬,清廷同時命令兩人調離返國。劉氏把自己的出使經歷及觀感記載於《英軺私記》等論著中。

劉錫鴻這個人物之所以值得我們注意,是因為他作為首批駐外使節,在歐洲近兩年的外交生活經歷,並沒有使他原來的國粹立場有任何變化。光緒七八年間(西元一八八一至一八八二年),恰值清廷內部環繞建造鐵路的利弊問題展開激烈的論爭,劉氏又以一個親自出洋考察過的官員,呈交了一份〈屢陳中西情形種種不同,火車鐵路勢不可行疏〉[096] 劉氏在該奏疏中竟列舉了「勢不可行者八,不利者六,有害者九」的二十三條理由,極力反對建造鐵路。[097] 連對立派人士也稱這份奏議「筆力橫恣,推闡淋漓,綽有戰國策士之風,在無識者觀之,鮮不為之眩惑」[098]。該奏疏顯然對以慈

---

[094] 《郭嵩燾日記》第三卷,湖南人民出版社 1982 年版,第 638 頁。
[095] 《郭嵩燾日記》第三卷,湖南人民出版社 1982 年版,第 376 頁。
[096] 參見翁同龢:《翁文恭公日記》冊二十七,光緒十三年 (1887) 四月廿九日。
[097] 《皇朝經世文續編》卷一〇三。
[098] 鐘天緯:〈中國創設鐵路利弊論〉,《皇朝經世文續編》卷一〇三。

禧太后為首的清廷在鐵路建造問題上採取消極立場有過相當重要的影響[099]。

為什麼一個耳濡目染西洋先進文明種種新鮮事物的士大夫仍然如此頑固地堅持自己原來的國粹立場？西洋世界的種種資訊，曾如此強而有力地作用於他的感官細胞和大腦，為什麼這種文化衝擊居然沒有對劉錫鴻原來的觀念和立場產生影響？從文化思想史角度而言，這實在是一個值得研究的問題。

像倭仁、李元度、徐致祥這樣一類士大夫，從來沒有越出過國門一步，處於對外封閉的社會環境中，發一通「用夏變夷」的高談闊論，對他們來說是絕不會感到任何不安的。然而，對劉錫鴻這樣的駐外使節來說，情況就應該完全不同。這位劉大人受到的是傳統文化訓練，篤信的是三綱五常的聖人之學，一到英倫，突然置身於另外一個絕然不同的文化之中。這是一個從語言文字、人種膚色、飲食服飾、街市建築、日用器皿，到生活習俗都完全不同的新世界。一個強大的西方近代文明社會不僅以其絢麗多彩的容貌展現在他面前，而且他還不得不在其中生活下來。單單這種近代西方文化與傳統中國文化的強烈對比，對劉氏這樣的旅居者所產生的巨大心理衝擊，就是我們現代人很難想像和體會的了。在

---

[099]《唐才常集》（中華書局 1980 年版，第 71 頁），有云：「光緒初元，議開鐵路，異論甫平，劉錫鴻煽之。」

倫敦和柏林，他作為來自中國的使節，受到與其身分相當的外交禮遇。他還受到英國維多利亞女皇（Queen Victoria）和德國、比利時國王的接見。哥特式的大教堂，富麗堂皇的白金漢宮，印報機以每小時印七萬份報紙的速度風馳電掣的運轉，上下議院的政治辯論，化學、光學與電學實驗，整潔無垢的市容，彬彬有禮的倫敦市民，凡此種種中國人未曾見過的新奇事物，不斷地刺激著劉錫鴻的神經。這一切迫使他的認知結構不得不對他所看到的客觀現實作出解釋，隔岸觀火般的空談「內夏外夷」、「尊夏攘夷」顯然已經無濟於事。當劉錫鴻用自己在中國所接受的那種正統教育及思維框架來評價他親眼看到的西方近代文明時，他自然面臨著那些沒有親自到過西洋諸國的士大夫所不曾遇到的困難。

活生生的先進文明顯然不能被傳統的認知結構直接解釋，為了擺脫思維上的嚴重困難，在他面前似乎有兩種可能的選擇：

第一種選擇是，在強而有力的西方近代文明的鐵的事實面前，承認這種文明是先進的。這就同時意味著必須與華夏中心觀念、禮樂教化至上觀念、用夏變夷觀念等傳統範疇概念決裂。在文化心理上，往往會伴隨出現一種精神上的震動和不安，緊接著產生的將可能是一種積極學習西方文化的熱情和與西洋人並駕齊驅的進取願望。

另一種可能的選擇是，劉氏對西方近代文明取得的不可否認的成功，依堯舜孔孟的聖人之學，作出一種言之成理的解釋。只要這種解釋對劉氏本人來說能夠自圓其說，他就可以心安理得地再一次認為，聖人之教具有普遍有效性，因而是無須針對西方挑戰而予以任何改變和補充的。如果這種認知思維活動和解釋活動獲得了他自以為的成功，他就可以順利地避免思維中的困境。即使身處異域，面對令人眼花撩亂的西洋文明，他仍然可以像在中國時那樣，心境平靜，保持正統立場而安之若素，免除由於西洋文化的強烈衝擊而產生的不安和焦躁。

當我們對劉錫鴻的《英軺私記》及其歸國後寫的其他論著進行分析之後，我們就會發現劉氏顯然採取了第二種選擇來解決他碰到的難題。他之所以能夠實現這一點，是因為作為聖人之道的核心與根基的「仁」、「義」兩個基本概念，被他用來包容西方政教的長處。一旦西洋文明的種種顯而易見的優點被劉氏透過強制性同化的認知方法，附會於儒家傳統的「仁」、「義」之類的基本範疇之中，儒家政治哲學與倫理綱常的普遍有效性和堯舜孔孟之教也就經受了西方文化的挑戰，無須加以改組和作任何內部的調整。

在劉錫鴻那裡，傳統儒家文化中的「仁」、「義」這兩個範疇為什麼能顯示出如此巨大的包容力與彈性，以至於竟可

以對西洋文明進行附會性的解釋？劉錫鴻在英國倫敦參觀電學實驗之後，曾有感而發地寫下了一段關於「仁」、「義」的議論。我們切不要因為它沒有什麼新意而視為老生常談，分析這段話的含義，對認識劉氏國粹主義立場何以如此堅韌，無疑具有重要意義。這段冗長議論的大意，我們可以用現代人的語言概括如下：

——聖人之教，可以歸結為仁、義二者。仁，就是人心固有之純善；義，就是待人處事的自然條理。它們是維繫一個社會的正常秩序絕不可少的東西。

——在一個社會裡，人與人之間必然要相互發生君臣、父子、兄弟、夫婦、朋友等五種關係。由這五倫表現出來的社會秩序，首先是相互依存。例如，君沒有臣，則如同失去手足；臣沒有君，則如同失去頭目。五倫之間相互聯屬和親愛，這種彼此的愛恤感情和善心，也就是仁。另一方面，社會上的五倫關係，還必須靠上尊下卑的等級秩序來維持，尊者自尊，卑者自卑，彼此各安本分，自我約束，不相侵，不相凌，這種社會倫理秩序就是義。

——由此可見，仁、義是維繫社會和諧的最根本原則，仁使天下百姓彼此結合，不相棄，不相害，義則使天下人民各安其分。

一家如此，則家安，天下如此，則天下安。如果不是以仁、義來維繫社會，其結果，就是君臣互為殘賊，父子互為傷夷（痍），兄弟互為摧剝，夫婦朋友互為戕殺，天地為之擾亂而不能帖然於其位。聖人之教的作用，孰大於是？孰實於是？[100]

因此，在劉錫鴻這樣的正統士大夫看來，仁義之教，具有奠安宇宙，助天地惠育萬物之功用。難道西洋社會就沒有君臣、父子、兄弟、夫婦、朋友？如果西洋社會不用仁與義來維繫與調節以上五倫關係，又如何能避免相互傷殘、摧剝、戕殺？不能設想，宇宙、天下、社會，沒有綱常而可以存在一日。也不能設想，仁義綱常存在一日而天地萬物則可以毀滅不存。換言之，以仁義為基本核心的儒家思想體系，是可以解釋一切人類正常活動過程的完美無缺的倫理體系。宇宙中一切至善至美，都是由於符合了仁義的價值準則所致，一切醜惡行徑則是由於違反和悖離了仁義準則而造成的。

既然「仁」、「義」的基本原則具有對全人類的普遍適用性，而「仁」、「義」這些傳統哲學中的抽象概念，正如我們在前一章裡已經分析過的，具有意會性、模糊性的特點，那麼這就可以自然而然地導致一個重要結果：即當劉錫鴻要對

---

[100]　劉錫鴻：《英軺私記·觀電學有感》，湖南人民出版社 1981 年版，第 107 頁。

西洋社會的種種政俗作出解釋時，凡是被劉氏視為有助於協調社會各階層相互關係的政府措施，凡是可以緩衝、柔化社會矛盾的種種社會福利政策，均可以被歸類到「仁」的範疇中；凡是被劉氏視為社會成員安分守制地約束自己，以符合社會秩序和規範的社會化行為，則可以歸屬到「義」的範疇之中。

下面，讓我們看看劉錫鴻是怎樣具體進行這樣一番思考的。

為什麼中國士大夫不必講求西學

首先，劉氏本人也承認他親眼看到的英國政俗也有若干可以稱道之處。在旅居英倫時，他寫道：「到英倫兩月，細察其政俗，唯父子之親、男女之別全未之講，自貴至賤皆然。此外則無閒官，無游民，無上下隔閡之情，無殘暴不仁之政，無虛文相應之事。」、「兩月來，拜客赴會，出門時多，街市往來，從未聞有人語喧囂，亦未見有形狀愁苦者。」[101]

因此，他認為：「今西洋之俗，以濟貧拯難為美舉，是即仁之一端，以仗義守信為要圖，是即義之一端。」[102] 劉氏由此進而認為，如果西洋人能憑藉他們已經明了的聖人道

[101] 劉錫鴻：《英軺私記·總論英國政俗》，湖南人民出版社 1981 年版，第 89 頁。
[102] 劉錫鴻：《英軺私記·觀電學有感》，湖南人民出版社 1981 年版，第 109 頁。

理，繼續推廣而發揚之，就可以步入聖教之堂奧，從而可以實現一個藹藹秩秩、雍穆整齊的社會。[103]

西洋政俗之所以被認為是遵循了聖人之道中的仁義原則，正是因為劉氏把「仁」的「愛民恤物」用來包容西方資本主義社會的「濟貧拯難」，又把儒家的「義」來附會西洋諸國的「仗義守信」。這樣一來，西洋文明的政俗之美，則變為對孔孟仁義學說包容力的明證。

一個遠離中國的西洋社會，其政教風俗為什麼會與我們中國的聖人之教相吻合呢？劉錫鴻對此的解釋是：

我大清乾隆以前，遐荒效順，重洋慕化……今英國知仁義之本，以臻富強，未始非由久入中國，得聞聖教所致。[104]

正如我們在前一章所指出的，正統士大夫的強制性同化與聖學演繹，本是一個思維過程的前後兩個環節。因此，當劉氏用「仁義」來附會西方政俗中的某些長處之後，接下來，把「聲教迄於四海」的文化傳播原則作為演繹的大前提，並以此來解釋英國何以知「仁義之本」這一域外的現象，對劉錫鴻來說，便是自然而然的了。

劉錫鴻的上述解釋，對他本人來說，出現了奇異的效果。劉錫鴻親眼目睹西洋政俗之美的客觀事實，不但沒有構

[103]　劉錫鴻：《英軺私記·觀電學有感》，湖南人民出版社 1981 年版，第 109 頁。
[104]　劉錫鴻：《英軺私記·與波斯藩王論強弱》，湖南人民出版社 1981 年版，第 121 頁。

成對劉氏「禮教至上」觀念體系的衝擊和威脅，反而因為這些客觀事實被劉氏判斷為英國「得聞聖教所致」，從而變成孔孟之道「威行四海」普遍有效性的強而有力證明。在劉氏看來，面對種種西洋社會強盛的事實，人們不但不必因中國的落後而自慚形穢和憂心忡忡，相反，西方越是強盛，其政教風俗越是有可以稱道之處，就越能增強我們「用夏變夷」、「天下中心」、「禮教至上」的信念。於是，劉錫鴻不但避免了西方文明對他本人心理上的衝擊，反而由於其認知─思維方法上的奇特機制，進一步強化了自己從中國帶出來的國粹信念和立場。

既然西洋政俗有如此長處，而且這些長處是由於西洋諸國受我們聖人之教感化和薰沐所致，那麼我們中國人是否可以直接師法西洋，使自己也達日臻富強之境呢？劉錫鴻的答案是否定的。按他前面的看法，西洋政俗即使有其所長，也只不過學得堯舜孔孟之教的一點「端倪」，離聖學堂奧的博大精深還十分遙遠。按他的說法，「西洋之政，如教藝，課工，矜孤濟貧，禁匪捕盜，恤刑獄，嚴軍令，飭官守，達民情等類，與我中國致治之道多有暗合者。」[105] 既然我們中國是聖教故鄉，自古以來中國都以聖人之道為立國根本，而西洋諸國也僅僅是從我們中國這裡獲得聖學的啟迪，才達到

---

[105]　劉錫鴻：〈屢陳中西情形種種不同，火車鐵路勢不可行疏〉。

「暗合」、「中國致治之道」，達到「仁義」的「端倪」，並漸漸擺脫了一些「夷俗」，但西洋與中國大清王朝，在遵循聖人仁義之道來安邦治國方面，其深淺度，簡直是不可同日而語的——千百年來，我們中國各朝都是以聖人之道的大經大法作為立國根基的，因此我們中國人也只需遵循聖人教誨，身體力行聖人之道就能富強，無須反過來以西洋為仿效的榜樣。

正因為如此，劉氏在《英軺私記》中發表了如下議論：「中國自天開地闢以來，歷年最多，百數十大聖繼起其間，製作日加精備，其言理之深，有過於外洋數倍者。外洋以富為富，中國以不貪得為富；外洋以強為強，中國以不好勝為強，此其理非可驟語而明。究其禁奇技以防亂萌，揭仁義以立治本，道固萬世而不可易。彼之以為無用者，殆無用之大用也夫！」[106]

綜上所述，劉錫鴻的結論可以歸結如下：凡是西洋政俗的長處，都是「暗合」中國聖人之教，或學到了我們聖教的一點「端倪」；其次，凡是西方政俗中那些可稱道之處又不值得中國人去學。因為所有好的地方，都被劉氏附會於聖教「仁義」的範疇之中，中國人既然已有四書五經作為直接學習的目標，那就不必捨近求遠地轉手去學習西洋人。

---

[106] 劉錫鴻：《英軺私記‧觀電學有感》，湖南人民出版社 1981 年版，第 110 頁。

這種認識西方文化的方法，達到的最大效果是，由於同化與附會的認知方法強制處理了西方文明的長處，從而使聖人之學的至尊地位以及聖人之道的種種具體原則、規範、信條和價值尺度，避免了來自西方近代文明的強大衝擊。

當劉錫鴻的聖學本位立場經歷了西洋文明衝擊的考驗之後，他就可以反守為攻，用國粹主義的種種現成規範、信條與價值尺度，對西洋文明品頭評足，並對西洋文明中所有不符合儒家倫常禮教原則之處予以堅決排斥、抨擊乃至口誅筆伐了。

既然聖人之教以仁義為本，以技藝為末，那麼在劉錫鴻看來，西學就是不必去講求的。面對西方咄咄逼人的挑戰，士大夫應該以修身養性為根本，像先輩的大儒那樣，「浸淫於經史，饜飫於先儒語錄，深求聖賢致治之道。博考帝王御世之方」。「潛心一室，……置紛華徵逐於不問，習之積久，遂不覺其人志趣漸臻遠大，心思漸底安謐，言動漸見端凝，而識見之澄定也因之。」其結果，「庶政就理，民生富庶，國勢亦以強焉」[107]。

至於西學，那不過是「百工技藝之學」，絕不是治國的根本。「欲拯今日之貧弱，當由飭吏治始。飭吏治，當由端士習始。端士習，當由審義（議）明道始。若令殫心西學，

<hr />

[107]　劉錫鴻：《英軺私記·觀格致書院後》，湖南人民出版社 1981 年版，第 27 頁。

使益致力於百工，與商賈習處，是適增其商賈之行也。官中多一商賈，即國多一蠹，民多一賊。豈政令不講，民生不恤，而唯船炮機器是恃，遂足治天下邪？」[108]

在劉氏看來，西學「蓋工匠技藝之事」，可以聚工匠而督深之，如古代聚百工於工場，而士大夫是不應問津的。[109]

既然一切仍應以聖人之道為判斷尺度，那麼任何改革也是不必要的。因為「祖宗制法皆有深意，歷年既久而不能無弊者，皆以私害法之人致之。為大臣者，第能講求舊制之意，實力奉行，悉去其舊日之所無，盡還其舊日之所有，即此可以復治。若改弦而更張，則驚擾之甚，禍亂斯生。」[110]

如果一切應以祖制為標準來判斷是非取捨，那麼西洋近代文明就絕不應作為中國努力的目標。劉氏說：「我朝乾隆之世，非有火車，然而廩溢府充，民豐物阜，鞭撻直及五印度，西洋亦效貢而稱臣。今之大勢弗及者，以刑政不修、民事不勤耳，稽列聖之所以明賞罰、勸農工者，飭令諸臣，屏除阿私逸欲，實力舉行之，即可復臻極盛，亦何事效中國所不能效哉？」[111]

必須指出的是，就劉錫鴻本人而言，他絕不是在明知故

---

[108] 劉錫鴻：《英軺私記·觀格致書院後》，湖南人民出版社 1981 年版，第 28 頁。
[109] 劉錫鴻：《英軺私記·觀格致書院後》，湖南人民出版社 1981 年版，第 28 頁。
[110] 劉錫鴻：《英軺私記·倫敦監獄》，湖南人民出版社 1981 年版，第 105 頁。
[111] 劉錫鴻：〈屢陳中西情形種種不同，火車鐵路勢不可行疏〉。

犯地玩弄詭辯術。他認真地、虔誠地以傳統士大夫千百年來慣用的方法來思考西洋事物，以「仁義」來附會西方近代政教，絕不是自己異想天開的創造，而是「仁義」自身的意會性、模糊性給予他的自然便利。他的文化優越感和對聖學的自信，與其說是虛張聲勢，不如說是一種以認知方法為後盾的傳統文化心理的自然流露。

豪商大賈居宅中的書香世家子弟

　　郭嵩燾與劉錫鴻，這兩個人都是從中國近代士大夫中產生的第一代駐外公使，他們都是首次出洋，把他們兩個人對西方文化的截然不同的態度與心理狀態作一番比較是頗有意義的。

　　郭嵩燾（西元一八一八至一八九一年），湖南湘陰人，以宣傳洋務和出使英倫並提出最早的維新思想而聞名。他是光緒中期以前走在時代最前面的少數開明士大夫之一。他在給李鴻章的信函中最早提出，中國學習西方不應僅僅著眼於一般的船政、鐵路、製造之類的洋務，而且還應虛心研究西方的政治制度並加以吸收。[112] 他辦外交，出使英倫，提倡新政，有超越其同時代士大夫的膽識和見解。當郭嵩燾遠渡重

---

[112]　參見郭嵩燾：〈條議海防事宜疏〉，《郭嵩燾奏稿》，岳麓書社 1983 年版，第344 頁。

洋，踏上異國土地伊始，就因受到西洋文化強而有力的刺激而坐立不安。當他把傳統中國文化與展現在他面前的西方近代文化進行嚴肅的比較時，他就絕不可能繼續保持一般正統士大夫的那種尊己卑人的國粹態度——他懷著憂國憂民之心向中國的士大夫同胞發出如下呼喚：「西洋立國二千年，政教修明，具有本末，與遼金崛起一時，倏盛倏衰，情形絕異……應付處理之方，豈能不一一講求？」他毫不掩飾自己對西洋文明發達程度的驚羨心情。他在給李鴻章的信中寫道：「（倫敦）此間政教風俗，氣象日新……百餘年來，其官民相與講求國政，自其君行之，蒸蒸日臻於上理。至今君主以賢明稱，人心風俗進而益善。計其富強之業，實始於乾隆以後。火輪船創始於乾隆……嘉慶六年（西元一八〇一年）始用以行海內。又因其法創辦火輪車，起自嘉慶十八年（西元一八一三年）。其後益講求電氣之學，由吸鐵機器轉運書信。道光十八年（西元一八三八年）始設電報於其國都……同治四年（西元一八五六年）乃達印度，道光二十年（西元一八四〇年）搆（構）兵，火輪船遂至粵東。咸豐十年（西元一八六〇年）再搆兵，而電報經由印度至上海關。」[113] 羅列了這些技藝飛速的發展進步狀況之後，郭氏指出：「中國士大夫自怙其私，以求遏抑天地之機，未有能勝之者也。

---

[113]　郭嵩燾：〈倫敦致李伯相〉，《養知書屋文集》卷十一。

來此數月，始（實）見火輪車之便利，三四百里往返僅及半日。其地士紳力以中國宜修造火輪車相勸勉，且謂英國富強實基於此。」[114]

為什麼中國一般士大夫對這種狀況視若無睹，並抱妄自尊大的冷漠態度？郭氏從歷史上根深蒂固的「夷夏」觀念上尋找到了答案。他指出，自南宋以來，士大夫就高唱「夷夏大防」，以至於「七八百年，盡士大夫之心相率趨於愚妄，而莫知其所以然」。「西洋之局，非復金元之舊矣。而（士大夫）相與祖述南宋諸儒之議論，以劫持朝廷，流極敗壞，至於今日而不悟。」[115] 郭氏大聲疾呼，面對西方日益強大的嚴峻局勢，中國除了奮起仿效西方，沒有其他選擇。「雖使堯舜生於今日，必急取泰西之法推而行之，不能一日緩也。」[116]

郭嵩燾就彷彿像一個從長年封閉的深宅大院裡第一次走進人群熙攘的街市的人。他發現街上人們的膚色被陽光曬得黝黑，才意識到深宅大院中的家人們由於終年不見陽光造成的面色蒼白乃是一種病症。他親眼見到那些家門外的強鄰們手中握有能致人死命的利器，又不得不為懵然無知的同胞未來的命運而擔憂。由於這一發現和隨之產生的憂慮，他返

---

[114] 郭嵩燾：〈倫敦致李伯相〉，《養知書屋文集》卷十一。
[115] 《郭嵩燾日記》第三卷，湖南人民出版社 1982 年版，第 376 頁。
[116] 郭嵩燾：〈鐵路議〉，《養知書屋文集》第二十八卷。

回深宅大院中，不斷奔走、吶喊，以期親人的覺醒。他呼叫著，要人們去打開業已生鏽的大院的鐵鎖，去呼吸新鮮空氣，去走向外部世界。然而，幾乎所有的人不但不理解他，反而把他視為討厭的人並加以斥罵和驅逐。說他「去父母之邦，不修高潔之行」[117]，斥責他「蒙恥受辱，周旋洋人」，攻擊他的言論為「殆已中洋毒，無可採者」（王闓運語），甚至罵他「有二心於中國」。在他出洋前，好心人為他算命，結論是「大凶」，「日在昏晦中」，「尤不利上書言事」[118]。他的同僚朋輩則竭力勸他「弗發一議，弗出一謀」[119]，以明哲保身。這種沉重的社會輿論壓力，使郭嵩燾陷入極度苦惱與悲憤的心境，難以自拔。他呼喚：「衰病頹唐，出使海外，群懷世人欲殺之心，兩湖人士，指斥尤力⋯⋯至摘取一二言，深文周內（納），傅（附）會以伸其說，取快（於）流俗。」[120] 他憤憤然反問：既然洋人來到中國，為患已深，難道單憑虛驕的議論與囂張的意氣，就能把敵人攘斥於國門之外嗎？難道多一兩個深知其內部情況、諳習其長處與短處的人，多一點應變之術，不是比高談闊論更有效一些嗎？

---

[117]　郭嵩燾：〈辦理洋務橫被搆陷摺〉，《郭嵩燾奏稿》，岳麓書社 1983 年版，第388 頁。
[118]　《郭嵩燾日記》第三卷，湖南人民出版社 1982 年版，第 13 頁。
[119]　《郭嵩燾日記》第三卷，湖南人民出版社 1982 年版，第 38 頁。
[120]　〈罪言存略小引〉，《郭嵩燾文集》。

他指出：「天下之大患在士大夫之無識。」[121] 他嘆息朝廷中沒有目光遠大的人，嘆息國家處於極弱之勢，又無可據之理，對外洋局勢懵懵然、不知考究必將導致禍害。他仰天長吁：「今天下能辨此者，舍我而誰哉？」[122]

在十九世紀七八十年代，郭嵩燾「過早」的覺醒，使他不能不時常感受到一種「世人皆醉而我獨醒」的孤獨和悲哀。除了對世界大局稍有一知半解的李鴻章似乎對他比較理解和同情之外，他在士大夫階級中幾乎很難找到其他志同道合的人。正因為如此，我們就不難理解，作為士大夫的郭嵩燾，為什麼恰恰是以最激烈的語言來抨擊自己所屬的那個階級。他曾在回顧「士」的演變過程時說：古代的士能耕田、能做工、能屠牲、能捕魚、能經商。漢代的士中有牧豬羊者、有負薪者、有為人幫傭者、有賣藥者，這些都是依靠勞動以自食其力的人。然而，自從宋儒講明性理之學以來，士的地位越高，名氣越重，人們越把士看得不同尋常，距工、商、農三民越懸殊，反而使士成為《周官》裡講的那種閒民。他的結論是：士愈多，人才愈乏，風俗愈偷，「故夫士者，國之蠹也」[123]。

這一切使郭嵩燾對中國未來的命運抱有一種不祥的預

---

[121]〈復張竹汀〉,《郭嵩燾文集》。
[122]〈復方子聽〉,《郭嵩燾文集》。
[123]〈論士〉,《郭嵩燾文集》卷二。

感。在他看來，既然像劉錫鴻這樣出洋見過世面的人，其議論也還是如此冥頑不化，士大夫中「亦終無復望有能省悟者矣」[124]。從他的日記、書信、奏議與文集雜著中，我們可以感受到那顆敏感而略微纖弱的心時時忍受著焦躁的煎熬，我們可以感覺到他那時而充滿憤懣，時而激昂，時而沉鬱不安的聲音。一種悲觀而又不甘於沉淪和遁世的複雜情緒幾乎是貫穿於他自光緒初年出使以來所有論著中的基調。

如果說，在西元一八七〇、一八八〇年代，在那更深重的民族危機即將來臨的寒冷日子裡，一種無法擺脫的孤獨感和不祥的預感，使郭嵩燾成為了終日憂心忡忡的人，那麼恰恰相反，劉錫鴻卻因為自己的國粹立場，在旅歐期間仍然保持了一如既往的文化自信與樂觀情緒。在前一章裡，我們可以從那些面對西方侵凌的險惡局勢反而高唱「泛教化論」的士人身上發現同樣的自信心和奇特的樂觀心緒。

在閱讀劉錫鴻的《英軺私記》的時候，人們可以從其字裡行間感覺到，劉大人在那遠離中國的異邦土地上，始終以一個負有傳布堯舜孔孟之教的使者的姿態來判斷和應付他所碰到的一切西洋事物。這種姿態，使他顯示出一種自命不凡的傲然風度，處處表現出自信、成熟而有條不紊。他從內心之中，毫不懷疑自己是來自天下最文明的禮儀之邦，至於展

---

[124] 《郭嵩燾日記》第三卷，湖南人民出版社 1982 年版，第 376 頁。

現在他面前的西方工業文明的種種繁榮景象，並沒有使他驚羨。因為他所信奉的堯舜之道昭示他：義理是無條件地高於一切「功利末技」的。在他看來，作為禮儀之邦的中國在精神上是如此富有，以致完全不必去妒羨西洋諸國在物質上的奢華。中國在工業技術上的落後，在他看來，根據聖人的道理，反而是一種「以不貪得為富」的美德。[125] 而中國國力的羸弱，則是一種「以不好勝為強」，依照聖人之學昭示的「德治」表現。火器鐵路是不必要的，人心為本，人的精神可以決定一切。因為戰爭勝負，所恃的是人心向背，「眾心齊一，勢若江河，斷非火器精工便能抵禦。」、「遠事如美國之華盛頓，近事如廣東之三元里民，皆可為鑒。」[126] 更何況，「吾中國歷代聖君賢相，才智非遜於西洋，而卒無有刳天剖地，妄矜巧力，與造化爭能，以圖富強者。」與大自然爭巧力的結果，必然是「弦過急則弓易折，花過繁則樹易枯，猛進之過，即是退機，倚伏之理，微參可悟」[127]。在劉大人來看，中國聖賢之學中的這些微言大義，是如此深刻，如此富於哲理，實在是「無用之大用」，以致對於英倫三島中那些僅僅懂一點「雜技之小者」的、淺薄的西洋人來說，「其理非

---

[125]　劉錫鴻：《英軺私記·觀電學有感》，湖南人民出版社 1981 年版，第 110 頁。
[126]　劉錫鴻：《英軺私記·始論鐵路》，湖南人民出版社 1981 年版，第 26 頁。
[127]　劉錫鴻：《英軺私記·始論鐵路》，湖南人民出版社 1981 年版，第 26 頁。

可驟語而明」[128]。

劉錫鴻在西洋諸國旅居時的心理狀態，用他自己曾經使用過的一個比喻來說，如同一個書香世家的清貧子弟，來到一夕致富的巨商大賈家裡做客一樣 —— 他懷著那種書香人家特有的矜持和傲岸風度，冷漠地注視著豪華客廳裡富麗的擺設和塗金的裝飾。器具固然精巧，這一切固然是詩書世家子弟從未見過的，卻始終缺乏詩書世家中的那種靈秀之氣氛。[129] 在他看來，粗俗不堪的富豪人家是不值得詩書世家子弟去仿效的。用他自己的話來說，中國的前途也僅僅是：

> 為世家者，督課其子弟，各自治其職業，以肅其家政，彼富豪亦不敢輕視。若欣羨華侈，捨己而效其所為，則一餐之費，亦足以自蕩其產。[130]

劉氏的國粹立場還表現在對於一切改革的鄙視。在倫敦期間，他曾與一位來訪的波斯藩王進行過一次頗為有趣的談話。這次談話更能顯示其「以不變應萬變」的態度是何等堅定。

這位波斯藩王面對著英俄併吞弱國的圖謀以及彼強己弱的現實而充滿憂慮。既然同是「天涯淪落人」，相逢何必曾相識，藩王顯然希望與來自中國的外交官員們共同商討一下應付列強侵略的辦法。他的話語是略帶悲觀的：

---

[128]　劉錫鴻：《英軺私記·觀電學有感》，湖南人民出版社 1981 年版，第 110 頁。
[129]　劉錫鴻：〈屢陳中西情形種種不同，火車鐵路勢不可行疏〉。
[130]　劉錫鴻：〈屢陳中西情形種種不同，火車鐵路勢不可行疏〉。

覽天下大勢，俄英之強，皆未有艾，而貴國與敝國乃以弱承之，將來必為所並，第不知歸英抑歸俄耳。[131]

劉錫鴻斷然否認有這種可能性。他的這種態度與其說是基於愛國熱情，不如說是基於迂腐的盲目樂觀。他以「福兮禍之所倚」的老莊哲學來論證：「俄之貪噬無厭，安知天道不奪其魄，使之驟致喪敗。若拿破崙之滅亡，強弱勝敗，何常之有。」然後，他又自信「大清威行四裔，殆二百年。自咸（豐）同（治）間，蠡賊內訌（指太平天國），財力稍困。朝廷顧惜民命，不肯黷武於外洋，其勢遂似於弱。今掃平海內，漸靖西陲，武功既成，一意政教，不及數載，綱維大張，國威自可復振。」[132]

當這位波斯藩王問及為什麼「西洋人前進百步，而我之前進僅數步，故覺瞠乎其後，勢利遠不及耳」時，劉錫鴻的回答是：「絕跡而奔，人喜其捷，而不知有顛隕之虞；緩步而行者，人苦其遲，而不知無傾跌之患。水雷火炮，慘殺生靈，以此為雄，他日必反受其害，何慕為？」[133]於是，中國古代聖賢哲人關於物極必反的智慧，又成了劉大人用來論

---

[131] 劉錫鴻：《英軺私記·與波斯藩王論強弱》，湖南人民出版社 1981 年版，第 121 － 122 頁。

[132] 劉錫鴻：《英軺私記·與波斯藩王論強弱》，湖南人民出版社 1981 年版，第 121 － 122 頁。

[133] 劉錫鴻：《英軺私記·與波斯藩王論強弱》，湖南人民出版社 1981 年版，第 121 － 122 頁。

證中國落後是好事、西方發展迅速反而是壞事的根據。而西方武力強大，根據老莊「日中則昃，月盈則蝕」的哲理，將來也會自食其果。於是，在劉錫鴻那裡，古代賢哲的全部智慧，似乎都可以從各個角度來證明其國粹至上立場的正確和高超。深通聖賢之學和老莊哲理的劉大人似乎永遠可以立於不敗之地。

當這位波斯藩王問及「中國何以不製火輪車」時，劉錫鴻以一種充滿哲理智慧的幽默講出如下的話：目前，我們大清政府正計畫在朝廷上製造大火車，這種大火車不用煤，不用鐵軌，卻能一日行駛數萬里。那位波斯人正在迷惑不解時，劉錫鴻帶著自信的微笑告訴他：根據我們中國聖人四書五經的教導，「正朝廷以正百官，正百官以正萬民」。此行之最速，一日而數萬里，無待於煤火輪鐵者也。[134]

在劉錫鴻看來，以「聖人之道」去規範百官與萬民，這毋庸置疑地勝過任何實在的火車。這種從「誠意正心、修身齊家、治國平天下」的邏輯程式中演繹過來的「精神火車論」，可以使正統士大夫們不必為現實危機的存在而擔驚受怕，人們可以運用這種獨特的思維方式，在頭腦中重構一幅和諧完美的圖景。

---

[134] 劉錫鴻：《英軺私記·與波斯藩王論強弱》，湖南人民出版社 1981 年版，第 121 － 122 頁。

　　如果說，那位波斯藩王在言談中略略透露出對前途的悲觀，至少還表明他本人並沒有喪失對迫在眉睫的民族危機的現實感覺，那麼劉錫鴻在高談闊論中顯露的自信和樂觀，卻是以他完全喪失現實感為前提和基礎的。當劉錫鴻用自己的思維框架來認識和判斷國際現實時，現實在這一思維框架中已經被奇妙地處理為顛倒的映像了。這種映像，反過來又強化了劉氏自己固有的文化優越感和自信心理。

　　在甲午戰爭以前，中國近代士大夫在文化心理上的安適感，恰恰與他們對時局的清醒意識成反比。清醒者在沉重的社會壓力下，不能不感到「煢煢孑立，形影相弔」的孤獨和悲哀。而沉耽於「大清威行四夷」幻夢中的國粹派們，卻可以氣壯如牛，怡然自得。悲觀者內心充滿了壓抑感和焦躁感，備受挫折和磨難，精神上是痛苦的。他們既不甘放棄士大夫憂國憂民的責任感，又無法在士大夫階級中的絕大多數人還處於漫漫的精神冬眠時代，獨立地尋找出履行這種責任的道路，猶如在亂山殘雪的夜裡，面對孤燈獨自沉思的異鄉人，備受焦躁與孤獨的煎熬而無法自拔。與此相反，劉氏這樣的「樂天派」，卻因為自己生活在聖人之道的沐浴下，感到三生有幸，趾高氣揚。在劉氏鋒芒畢露的褊傲個性背後，有一種頑強而有力的傳統信念作為支柱。所以他總是沾沾自喜，自命不凡。例如，當他發表了上述「精神火車」的高論

117

以後，他在《英軺私記》中寫道：

> （波斯藩王）聞之亦大笑。余自到倫敦，凡出拜客，必正使（指郭嵩燾）與偕，未嘗向人稍伸辯論。此次每一答駁，波斯藩王必點頭不已。語畢辭去，王曰：今日領教殊快，無怪是中國有名人。[135]

當然，誰都能看出來，劉錫鴻認為這位波斯藩王所講的「中國有名人」指的就是他自己了。我們可以想像劉氏寫下這段話時，所流露出的洋洋自得之情。

郭嵩燾在自己的日記中稱劉錫鴻「一意矜張，多可笑者」，「自以才能見算」，絕不是毫無根據的。當劉氏自以為是「中國有名人」而沾沾自喜時，一位英國士紳卻在《泰晤士報》上以尖銳的言語諷刺他：

> 中國阻止進益之黨，不作他事，只以禁止改變為務。毀棄鐵路主議者何人？不得而知，聞共有七人，史冊內載，歷來開創有七個聖人，似此可編為「七愚」姓名，傳之後世。年來論及吳淞鐵路，嘻（嬉）笑怒罵，兼而有之……不料與郭同來之柏靈（林）公使（指劉錫鴻），同觀、同想而不同心，謂電報、鐵路雖於不慊於心之夷鬼有用，於漢人全不相宜。……從前中國有個皇帝，恐民智之日滋，因而焚書坑儒，至今傳

---

[135]　劉錫鴻：《英軺私記·與波斯藩王論強弱》，湖南人民出版社 1981 年版，第123 頁。

以為笑。阻止鐵路之人，亦必貽笑後代無疑也。[136]

劉錫鴻當然聽不到這種對他的評論。但是，依據他的心理狀態和思維方法，即使他聽到了這類話，他也會把這些資訊以獨特的方法在思維中重新加以組織和理解，從而又變成對自己觀點與立場有利的論據。

傳統文化心理與思維方式之間的相互強化關係

人們自然會提出一個問題，劉錫鴻在國外的國粹立場為什麼仍然表現得如此頑強？除了他剛愎自用和自命不凡的個性之外，更重要的是，他以尊臨卑的傳統文化心理與其認知－思維機制之間，存在著一種相互強化關係。這是一種值得注意的特定的社會意識現象，它在一般正統士大夫身上都不同程度的存在。只不過在劉錫鴻身上表現得特別典型，特別突出而已。

這種文化心理 —— 認知－思維過程之間交互作用的具體機制可以概括如下：以尊臨卑的傳統文化心理定勢，是瀰漫於正統士大夫意識中的精神氛圍，它不斷地誘導著近代正統士大夫按傳統的思維軌道去處理來自西方文化的種種資訊刺激，這種精神氛圍還如同一道牢固的心理屏障，強而有力地

---

[136]《郭嵩燾日記》第三卷，湖南人民出版社 1982 年版，第 700 頁。

阻止士大夫擺脫原來的認知－思維習慣去另闢思維蹊徑。換言之，在這種傳統文化心理、精神氛圍的浸潤下，即使西方文化中種種異質新事物的刺激充滿了活力和生氣，但人們總會不自覺地、順理成章地把這種資訊刺激歸類到舊的範疇構架中去，並按聖人之道投射下來的原則來否定新事物的積極意義。千百年來的思維習慣和歷史記憶的印痕已牢固地聚結為一條高度組織化和程式化的思維線路，在古老的精神氛圍浸潤下，外部新異事物的刺激會像條件反射一樣，引起這種習慣性的思維線路的「活化」。而這種思維機制的「活化」，正是以傳統文化心理沒有發生改變為其存在前提的。

另一方面，傳統認知－思維機制對西方新異事物加以處理的結果，反過來又進一步鞏固、強化和支撐了原來的文化心理。

如果我們把士大夫的傳統文化心理（包括華夏中心論、禮教尺度、文化輻射觀念等）與傳統的認知－思維機制（包括強制同化、聖學演繹方法）分別看作兩個處於不同意識層次的子系統，那麼我們就可以運用下列方框圖來表述在西方挑戰的近代歷史條件下，正統士大夫意識結構內部兩個子系統之間的這種相互強化關係：

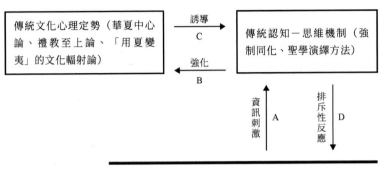

環境：近代西方文化

　　以上系統模型說明：西方近代文化，作為系統外部環境，其異質文化資訊 A，不斷刺激正統士大夫認知－思維機制的子系統，該子系統透過「強制附會－聖學演繹」的運思方法，對西方新異事物做出排斥性、否定性的價值判斷資訊 B，這一價值判斷資訊 B，作為士大夫理性思考的產物，又進一步支持和強化了正統士大夫的傳統文化心理。

　　另一方面，強化了的文化心理定勢，反過來又作為一種內在的精神氛圍 C，不斷地誘發著傳統的思維機制的活躍化。換言之，當正統士大夫的理性思維過程被中古時代的那種文化優越感、華夏中心觀念和文化上的自我安全感繼續全面籠罩和浸潤的時候，這種理性思維過程便具有了極度的頑固性，並不斷地對西方文化的種種刺激作出排斥性的反應 D。

　　正是在這個意義上，我們可以發現，一方面傳統文化心理定勢與認知－思維機制，這兩個子系統雙方都以對方的存

在作為自己活動的前提和條件；另一方面，雙方都不斷反覆強化對方的內部穩定性。這種雙向的相互作用系統，使由這兩個子系統共同構成的意識結構具有了牢固的內封閉性質，以至於任何來自西方的刺激，在這個封閉性的結構內部引起的總是高度排他性的、保守的反應。

我們可以把文化心理子系統與認知－思維的子系統之間的耦合關係，稱為心－思互協結構。近代士大夫國粹傾向的牢固性，可以從這一意識結構內部兩個子系統之間的互協關係的牢固性得到解釋。劉錫鴻文化優越感的心理定勢與其國粹思維方法之間正存在著這種心－思互協關係。

正是在這個意義上，在應付西方文化的挑戰時，如果不能衝破文化心理－認知思維之間的牢固的雙向關係網絡，如果不切斷這兩個子系統之間的耦合關係，人們就不能正確地判斷客觀現實，並作出相應的合理決策。意識結構內部的互協性連結，只能使人們獲得對現實危機的顛倒映像。它可以使人們沉溺於自我陶醉的心境中，但絕不能幫助人們現實地擺脫困境。從某種意義上說，正統士大夫對西方挑戰的認識過程所充滿的種種困難，也可以從這種心－思結構的封閉性特點得到解釋。

第四章
洋務派的危機意識

　　料敵審己，實有萬不能不辦之勢，亦實有萬不可再誤之機。誤則不可復更，不辦則不堪設想。

——［清］文祥

從憂懼感到危機感

　　人們往往會發現，當一般正統士大夫以國粹主義的方式來應付西方列強對中國的挑戰時，在他們所主張的國粹主義的對策與思維方法背後，實際上都有一種傳統的文化優越感和安全感的心理作為後盾。這種文化心理狀態的內涵是，「洋夷」們對中國的侵凌和困擾，並不足以構成對中國人生存環境的根本威脅；中國在歷次戰爭中的失敗，僅僅是受到一些人為的、偶然的因素干擾所致。西方列強迫使中國「割地、納款、互市」，在他們的思維中，喚起的只是類似歷史上契丹、女真、蒙古等邊陲民族對中原王朝困擾的那種歷史聯想和惱恨心理。他們對「洋夷」的憤慨和鄙夷，也僅僅是文明人對不知詩書禮教的野蠻人的強悍無理行徑的情緒化反應。他們所主張的應付西方列強侵略的方法，也僅僅是引證「歷代夷患為前車之鑒」，認為「自古禦夷之策，固未有外於此者」[137]。甚至更有人認為，聖人之教將有足夠的威力感化「性如犬羊、桀驁不馴」的「洋夷」。軍事政治上的失敗和屈辱，可以在士大夫們對傳統文化的同化力的樂觀信念中，在他們的文化優越感和安全感中得到紓解、緩衝和補償。

　　這種文化上的安全感，具有一種強烈的麻痺思維神經的

---

[137] 引自奕訢、桂良、文祥奏言，參見《籌辦夷務始末》卷七一（咸豐十年十二月）。

力量。深刻的民族危機的刺激，被這種文化安全感過濾後，便會在士大夫的思維中大大地淡化。正如我們在前一章所分析過的，傳統的心理定勢（包括文化優越感和安全感）作為一種濃厚的精神氛圍，在抵禦了正統士大夫們因受挫折而產生的驚恐心理之後，還會繼續誘導他們按傳統的同化－演繹的思維軌道，判斷和處理來自西方挑戰的種種資訊。這樣，自然就難以突破原來的保守觀念的框架，在這種情況下，客觀地認識西方事物和應付西方挑戰是不可能的。

如果說，在劉錫鴻、倭仁等正統派士大夫那裡，由於傳統文化心理定勢與認知心理之間形成了牢固的互協關係，從而使他們難以擺脫舊的思維框架來認知西方事物，那麼我們卻發現，在第二次鴉片戰爭以後崛起的洋務派士大夫的觀念中，卻出現了一種新的文化心理因素，它似乎具有相當的力度，可以切斷上述系統內部的互協關係，並為思維機制的局部更新提供了一種可能性。這種新的文化心理因素，就是本章將作為核心問題來研究的洋務派的危機意識。

洋務派的危機意識，起因於第二次鴉片戰爭以後一部分士大夫官紳對西方現代化的軍事實力的憂懼心理。這種憂懼心理，在有關湘軍首領胡林翼的一段史實中有過生動形象的反映。胡氏被清人稱為湘軍中的「蕭何」。作為軍師，其在湘軍中的地位也僅次於曾國藩，他是清朝統治階級中政治目

光頗為敏銳的人。當年，當胡林翼佇立在長江岸邊的山頭上，正在為即將從太平軍將士手中奪取安慶重鎮而躊躇滿志時，他猛然看見兩艘游弋於長江上的洋人軍艦，迅如奔馬，逆江而上。胡氏立即變色不語，勒馬回營，並在中途嘔血，幾乎墜下馬來。從此以後，每當有人與他談及洋務，他就搖手閉目，悶悶不樂，口稱「此非吾輩可能知也」。胡林翼原先已有病，由於這一刺激而病情加重，數月之後，便鬱鬱而死。[138]

與曾國藩並稱為中興名臣的胡林翼

　　從這段史實中我們可以看到，胡林翼作為正統士大夫中的一員，他內心交織著一種自身無法克服的矛盾：一方面，他憑自己敏銳的直覺，認識到西方列強的近代軍事實力遠非

[138]　薛福成：《庸庵筆記》。

中國清廷軍隊所能比；另一方面，傳統的文化輻射觀念又如此根深蒂固，使他還無法設想中國可以透過學習西方來擺脫困境。他內心的文化安全感似乎已經崩潰，而新的出路又無法找到。他不能不為大清帝國未來的命運而擔憂。這種心理緊張狀態和不祥預感，使他心力交瘁，無法自拔。

這種憂懼感的發展和深化，還表現於對文化整體的思考上，就是洋務派特有的那種危機意識。這種基於中外軍事實力的比較而產生的危機意識在李鴻章的言論中有充分的表現。李氏本人曾到英法軍艦上參觀過，他對洋人軍隊「火炮之精純，子藥之細巧，器械之鮮明，隊伍之雄整」，有過極為深刻的印象。在李鴻章同治年間呈交清廷的〈復奏海防事宜疏〉中，這種危機意識表達得最為清晰完整。該奏疏稱：

> 今則東南海疆萬餘里，各國通商傳教，往來自如，麇集京師及各省腹里，陽托和好之名，陰懷吞噬之計，一國生事，諸國搆（構）煽，實為數千年來未有之變局。輪船電報之速，瞬息千里，軍械機器之精，巧力百倍，砲彈所到，無堅不摧，水陸關隘，不足限制，又為數千年來未有之強敵。外患之乘，變幻如此，而我猶欲以成法制之，譬如醫者療疾，不問何症，概投之以古方，誠未見其效也。[139]

李鴻章在這一段議論中，首次提出了中國面臨「數千

---

[139] 李鴻章：〈復奏海防事宜疏〉，《李文忠公奏稿》卷二四。

年來未有之變局」與「數千年來未有之強敵」這一個著名的
命題，從而象徵著中國近代士大夫面對西方挑戰的一種嶄新
態度的出現。從歷史角度看，相對於當時絕大多數內省和朝
廷的國粹派士大夫虛驕的高談闊論，李鴻章的「大變局」與
「強敵」的觀念，無疑是對西方挑戰的嚴峻現實在認識上的
深化，在政治思想史上具有不容忽視的意義。在李氏以前，
還沒有人把大清帝國面臨的西方軍事威脅的嚴峻性具體提
出來。

西元一八六〇年，第二次鴉片戰爭時期，英國《倫敦新聞畫報》刊載的銅
版畫，描繪南京城內的太平天國軍隊向長江上的英國艦隊發炮。

危機意識與避害反應

我們必須指出的是，洋務派的危機意識，絕不是那種視中國傳統禮樂教化不如西方近代文化的自卑心理。其基本特徵是：在洋務派人士看來，具有至美至善的儒家禮樂教化的中國人業已受到了在「技藝」、「機巧」與「術數」方面更為強大的西洋人的侵凌和威脅，並且洋人的這種侵凌和威脅如果不斷深入，則有可能危及本民族原來的生存環境。這種危機意識一旦產生，就相應地產生了以擺脫危機為宗旨的避害反應和避害價值尺度。這種避害反應既然以危機意識為基礎，它就具有兩個基本特點，首先是具有很強的力度，其次是內涵十分單純和狹窄。這兩個基本特點對我們認識洋務派思想的發展前景和局限性有十分重要的意義。

洋務派的危機意識及其相應的避害價值觀念之所以有很強的力度，是因為這些文化心理因素是從人們對現實危險的警覺和感受中直接產生的，而不是從堯舜孔孟的聖人格言中引申出來的。它們直接聽命於近代士大夫保家衛國的生存意念的呼喚。既然生存意念具有「第一命令」的性質，那麼這種基於生存意念基礎上的意識和價值尺度，便有力地衝破了籠罩於士大夫身上文化安全感的心理氛圍，頑強地抗拒和抵制了某些不利於實現避害目標的傳統觀念、價值規範和思維

習慣，並透過這種抵制和抗爭，力求在士大夫的觀念王國中為自己的存在贏得一席地盤，並迫使士大夫們面對冷峻的現實。李鴻章在上述奏疏中強調指出，以「不問何症，概投之以古方」的方式來應付空前強大的西方對手是極為危險的。這正表明了危機避害意識本身具有對「成法」及舊觀念體系的衝擊力度。它似乎為切斷傳統文化心理與認知心理之間牢固的互協關係，提供了前所未有的新契機。

洋務派的避害反應首先表現在對西方「技藝」、「術數」功用的積極肯定上。既然對方的技藝已顯示出巨大的殺傷力，那麼從避害角度而言，化他人之長為自己之長，則是必要的而且是迫切的。用光緒初期朝廷中的洋務派首領文祥的話來說，「今日之敵，非得其所長，斷難與抗」[140]。而左宗棠的下述議論表明，避害尺度在邏輯上可以順理成章地引出只有「師法洋人」，才能擺脫危機，求得民族自存的結論：

欲防海之害而收其利，非整理水師不可，欲整理水師，非設局監造輪船不可。泰西巧而中國不必安於拙也。泰西有而中國不必傲以無也。

彼此同以大海為利，彼有所挾，我獨無之，譬如渡河，人操舟而我結桄（筏），譬如使馬，人跨駿而我騎驢，可乎？

謂我之長不如外國，藉（借）外國導其先，可也。謂我之

---

[140] 〈文祥傳〉，《清史稿》卷三八六。

長不如外國，讓外國擅其能，不可也。[141]

　　從這一論斷中，我們可以看出，避害價值觀念在本質上具有講求實效的功利主義的性質，這種講求實效的價值觀念，使恭親王奕訢認識到，中國、日本、西洋各國在技藝方面，誰技藝高強，就應該師法誰，既然不講禮樂教化的西洋諸國軍事技藝的高強是客觀存在的事實，那麼西方各國的「技藝」、「術數」自然是中國師法的對象：

　　夫天下之恥，莫恥於不若人，查西洋各國，數十年來講求輪船之製，互相師法，製作日新……東洋日本近亦遣人赴英國學其文字，究其象數，為仿造船炮張本，不數年後亦必有成。[142]

　　日本蕞爾小國尚知發憤為雄，中國狃於因循積習，不思振作……今不以不如人為恥，而獨以學其人為恥，將安於不如，而終於不學，遂能雪其恥乎？[143]

　　洋務派對中國歷次與西方戰爭的失敗原因所進行的比較冷靜的檢討與反省，也表明，他們既然從避害目標出發來進行判斷，那麼他們的見解，就與大多數正統派的不切實際的虛驕、高談闊論大相逕庭。例如，一般士大夫往往把兩次鴉片戰爭中清朝一方的失敗歸結為「天道之所忌，彼（指洋

[141]　左宗棠：〈請福建開設船廠疏〉，《左文襄公全集》。
[142]　奕訢：〈酌議同文館章程疏〉，《同治中興京外奏議約編》卷五。
[143]　奕訢：〈酌議同文館章程疏〉，《同治中興京外奏議約編》卷五。

人）皆犯之」，「機巧，天之所忌，洋人無事不用機械；強梁，天之所忌，洋人則以強凌弱，以眾暴寡」，「狡猾，天之所忌，洋人智取術馭，得寸進尺」[144] 等等。在洋務派看來，這種以「義理」為尺度並帶有強烈情緒色彩的議論，並不足以認識中國一方在戰爭中失利的具體原因。他們不能不從實際出發，來檢討中國士大夫在歷史上形成的「尊己卑人」的態度在兩次鴉片戰爭中帶來的危害。

最能代表這種反省態度的，可以算洋務派大員文祥在臨終前呈交清廷的一段奏議。作為一個臨死者的遺言，他對清廷在兩次鴉片戰爭中表現的腐敗與中國士大夫官紳的虛驕與愚妄，達到了當時人所少有的坦率程度：

（其時）在內無深知洋務之大臣，在外無究心撫馭之疆吏。一切奏牘之陳，類多敷衍諱飾。敵人方桀驁，而稱為恭順；洋情雖怨毒，而號為歡忻。遂致激成事端，忽和忽戰，甚且彼省之和局甫成，此省之戰事又起。賠款朝給，捷書暮陳。乘望風之船，號為勝仗；執送使之酋，以為擒渠。果至兩軍相交，仍復一敗不可收拾。於是夷情愈驕，約款愈肆，中外大臣皆視辦理洋務為畏途。庚申（西元一八六〇年）事起，幾至無可措手足。[145]

---

[144] 李元度：《國朝柔遠記·李序》。
[145] 〈文祥傳〉，《清史稿》卷三八六。

正是在這種觀念強而有力的制約下，才促使文祥在臨終前發出這樣的呼籲：「料敵審己，實有萬萬不能不辦之勢，亦實有萬萬不可再誤之機。誤則不可復更，不辦則不堪設想！」[146]

綜上所述，危機意識與這種意識衍生出的避害價值尺度，使洋務派在一定程度上衝破了傳統文化心理定勢與傳統思維習慣的某些藩籬，作出比一般國粹派士大夫更現實冷靜的、也更合乎自衛之道的反應。他們至少已認識到以「華夷」對峙時代形成的對外部世界的態度來應付西方對手，是一種不切實際的刻舟求劍之舉。如果我們不是用現代人的高水準來苛求他們的話，至少我們應該承認，在極度封閉僵化的歷史文化背景上，洋務派人士力求在他們知識與能力所能達到的範圍內，去實現民族自衛目標，相對於大多數國粹派的高談闊論，他們的觀念和思想是認識上的深化和進步。

另一方面，我們又必須指出，洋務派的危機避害意識，雖然有較強的力度，但在內涵上卻是相當單純和狹窄的。因為它對士大夫傳統觀念體系的衝擊範圍，也僅僅局限於與自衛相關的那些方面。洋務派對西方文化的興趣，也只是為了學得英法一二祕法，以期與洋人相頡頏。由於這種動機和興趣的狹隘和偏枯，以至於洋務派大員丁日昌可以得出這樣的

---

[146]〈文祥傳〉，《清史稿》卷三八六。

結論：「西學，除船械一切必須效法西洋外，其餘人心、風俗、察吏、安民，仍當循我規模，加以實意。」這一著名論斷，後來曾被國粹派人士褚成博積極引證，用來攻擊比洋務派更激進的維新派。[147] 這表明，由於洋務派對西學興趣的狹隘性和單一性，以致可以使他們與國粹派在基本立足點上沒有太大的差異。

其次，洋務派在避害動機驅使下提倡西學，乃是針對外部強敵的威脅作出的被動反應，而不是基於社會內部新因素發展的刺激而作出的主動反應。因此，洋務派對西學的興趣中，並不包含追求更高遠的社會目標、倫理理想在內的精神要求和豐富的社會內涵。在洋務派看來，「師夷之長技」的目的僅僅在於「制夷」。如果「夷」已被制，或者，如果已無「夷」可制，目的已經達到，「師夷」也就自然失去了其存在的價值。因此，以避害反應為基礎而對西學產生的興趣，本身缺乏向西方近代文化各個方面縱深伸展的內在趨勢，這種興趣的狹隘，使洋務派士大夫很少有可能把西方文化當作人類文明發展中的智慧成果去積極地予以肯定和認識。正是在這個意義上，洋務派提倡西學不能不具有畫地為牢的封閉性質。更何況，在儒家思想中，「兵者，凶器也，聖人不得已而用之」。洋務派士大夫在感情上對西方「凶器」是冷漠的和鄙夷的，而現實的危機

---

[147] 褚成博：《堅正堂摺稿》。

意識又驅使他們對西學不得不予以重視。這種欲拒還迎的矛盾態度，是近代士大夫中一種相當普遍的社會心理。例如，朱克敬的下述議論就具有鮮明的代表性：

> 洋人之入中國，乃千古奇變，其處心積慮，專以殺人謀利為事，又自古蠻夷所未有。十餘年來，辱我大臣，奪我地利，脅我人民，凡屬大清臣子，孰不欲食其肉而寢處其皮？但今日國家兵力實不能與之爭衡，不得不委曲與之議和，徐圖攘斥，忠實之士，既恨國恥未雪，當竭慮殫思，日夜謀所以制敵，學一技即有一技之用，劃一策即有一策之功，收一錢即有一錢之助，師夷之長，所以制夷之命。[148]

在這段議論中，無疑透露出這樣一層複雜的心理：如果沒有西方列強對中國的侵凌和壓迫，中國人是不必去師法夷人之長的。事實上，在洋務運動開始以後相當長的一個時期裡，除了郭嵩燾等少數人以外，包括左宗棠在內的大多數提倡洋務和西學的士大夫，他們心目中的西洋文化，有如當年趙武靈王的「胡服騎射」、明末的紅夷大砲和清初的佛郎機大砲一樣，僅僅作為一種來自異域的軍事技藝而已。[149] 事實上，恭親王奕訢在其鼓吹洋務的奏摺中正是引用歷史上「胡服騎射」的典故來證明洋務之有益於中國國防。這類技藝在他們看來儘管有用，但絕不是治國平天下的根本。

[148] 朱克敬：〈慎戒〉，《柔遠新書》卷四。
[149] 左宗棠：〈請福建開設船廠疏〉，《左文襄公全集》。

　　洋務派人士對西方技藝欲拒還迎的矛盾心理，很像一個跌入水中而又嚴守禮教的封建婦人：求生的本能使她在這一緊迫關頭不得不抗拒「男女大防」古訓的束縛力，而把手伸向一個可以把她從水中救出的陌生男子。這一行動表明了一個人的避害反應對傳統禮教規範進行正面衝擊的強烈力度，然而在這一特殊場合下，男女雙方對禮教的悖離，僅具有狹窄的自我限定性質 —— 它難以擴大到包括「三綱五常」等信念和規範在內的其他更廣泛領域中去，而且一旦這位婦人依靠避害反應脫離險境之後，「男女授受不親」的道德訓條又會重新束縛她的思想和行動。除非社會重大的經濟變遷使該婦人的經濟地位、社會信仰體系發生重大的改變，否則避害動機對某一正統原則的衝擊作用，絕不可能成為她對整個舊的價值體系全面批判和反抗的起點。

　　在洋務派的觀念中，自然就出現了一個新的問題。一方面，洋務派士大夫的文化背景及其所受的傳統教育使他們與一般正統士大夫一樣，把綱常禮教、聖人大經大法視為心身性命一般不可須臾分離的東西；另一方面，現實的時代警覺又驅使他們本能地去吸收異源的西學並辦理洋務。於是，聖人之學中的信條、倫理規範、價值觀念，與那些透過避害反應而產生的有關西學的新價值觀念，就同時並存於洋務派士大夫的頭腦中。這樣，就出現了互為異源的雙重價值尺度並

存的現象。這種雙重價值尺度和觀念之間的平衡、協調是透過什麼方式來實現的呢？

正如我們在本章前一部分業已分析過的：洋務派對西學的興趣僅僅狹隘地局限於避害自衛這一功能方面，而很難向其他方向滲透和擴展。這種興趣絕不會構成對聖人之道的傳統價值體系的全面威脅。因此，洋務派只需對自己的觀念結構作一些局部的調整，似乎就可以達到雙重價值尺度並存的內部協調。

這種局部的調整展現在「中學為體，西學為用」的典型表述中。洋務派透過「體」、「用」的分離，把西學明確地局限於「用」（功能）的範圍內，似乎這樣中學與西學則可以「井水不犯河水」，各就其位，各司其職，實現了雙重價值尺度的互容性。

然而，洋務派透過「體」（根基）、「用」（功能）的範疇把中學與西學加以分隔和連結，從表面上雖然解決了兩種異質文化價值觀念之間的形式邏輯上的互容性問題，但是在中國傳統哲學中（同樣也在中國人的傳統思維方法中），「體」與「用」是不能機械地分隔的。兩者處於有機的相互滲透的狀態之中。程頤稱：「體用一源，顯微無間。」[150]中國傳統哲學思維中「體用」的關係實際上是：「一原即一本，體用一

[150] 程頤：〈易傳序〉。

本，即謂體與用非二本，有體即有用，體即用之體，用即體之用……用即由體出。非於體之外別起一用，與體對立而並峙。」[151] 換言之，功能必須從「本根」中衍化、衍生出來。

在中國傳統哲學中，與「本根」無淵源關聯的、獨立於「本根」之外的「功用」，是不能成立的，也是不可設想的。正因為如此，當洋務派把「西學」這一異源於聖學之道的異質文化因素，勉強地安置在「用」的範疇位置上時，「中學之體」與「西學之用」之間，就存在一種實質上無法相互滲透和協調的緊張狀態。這種緊張狀態導致了「中學之體」對「西學之用」的沉重壓抑。讓我們在下一節的分析中更具體地說明這一點。

洋務派與明治維新派：對西方挑戰的不同態度

在對洋務派的危機意識、避害反應，以及「中體西用」的思想作了上述分析之後，下面，我們就可以進而對洋務派士大夫與日本明治維新人士各自對西方文化的態度進行一番比較了。這種比較將有助於認識洋務派的「中體西用」觀念的消極性，並有助於理解，中國與日本承受西方挑戰衝擊之後的不同選擇，何以會影響兩國未來的發展以及兩個東方國

---

[151] 張岱年：《中國哲學大綱》，中國社會科學出版社 1982 年版，第 14 頁。

家現代化過程的不同歷史命運。

首先值得注意的是，倡導明治維新運動的日本知識階層學習西方，並不單純是受那種內涵狹隘的避害動機之驅使。他們的動機中更多的成分乃是基於廣泛的文化比較以及基於這種比較而做出的選擇。我們可以從日本明治時代思想先驅福澤諭吉的《文明論概略》中明顯地看到這一特點。

福澤諭吉在該書第一章裡，就明確地說，世界上各種不同的文化，可以透過開化程度的高低來進行橫向的比較，人們可以透過這一比較來發現孰優孰劣。他指出，正如一切事物的長短、輕重、是非、善惡都是相對的一樣，所以世界上各種文明的開化程度也是相對的。福澤氏用「文明開化的相對性」這一概念作為分類的標準，把當時的歐洲各國與美國判識為世界上最文明的國家；把土耳其、中國、日本等亞洲國家判識為半文明國家；把非洲、澳洲地區的一些國家判識為野蠻國家。這樣，就把當時世界上各自獨立發展的民族文明，分別歸類到由低到高排列的作為「人類必經的階段」的文明發展序列之中。這種序列分類的結果，使多元化的文明可以用進化程度這一尺度進行橫向的比較，從而在總體上確立了處於「半文明」類型的日本，必須以西洋各國更先進、更發達的近代文明作為自己全面效仿榜樣 —— 此為結論。正因為如此，福澤氏直率地表示：「稍識事理的人，對事理懂

得越透澈，越能洞悉本國的情況，……也就越覺得自己國家遠不如西洋，而感到憂慮不安。於是有的就想效仿西洋，有的就想發憤圖強以與西洋並駕齊驅。」[152]

美國海軍來到東京灣，被日本官員接見，日本也由此開國。

同時，福澤氏根據這種「開化的相對性」，指出：西方國家對於未來盡善盡美的社會來說，仍然是相對野蠻的。「文明的發展是無止境的。不應滿足於目前的西洋文明。」[153]

從現代人的眼光來看，福澤諭吉把世界多元化的文化簡單地納入一個單線發展的進化序列之中並加以評價，固然是忽視了各文明發展的獨立性，因而也是失之於簡陋的。但是這種思想角度，卻使他敏銳地掌握了「現代歐洲文明」是

[152]　[日] 福澤諭吉：《文明論概略》，商務印書館 1982 年版，第 9 頁。
[153]　[日] 福澤諭吉：《文明論概略》，商務印書館 1982 年版，第 11 頁。

「現在人類的智慧所能達到的最高程度」[154] 這一客觀現實，並成功地擺脫了自我中心的文化意識，克服了以本民族的傳統文化價值尺度來評價異域文化的習慣性心理屏障。由於這一心理屏障的克服，從而使福澤諭吉順利地得出一個富有遠見的結論：「現在世界各國，即使處於野蠻狀態或是還處於半開化地位，如果想使本國文明進步，就必須以歐洲文明為目標。確定它為一切議論的標準，而以這個標準來衡量事物的利害得失。」[155]

美國海軍登陸日本。在背景中，整個美國艦隊清晰可見。美國海軍軍官、海軍陸戰隊士兵、水手和樂隊成員列隊整齊，接受檢閱。

以歐洲文明為目標，這就是結論。這也是日本民族對西方挑戰作出的選擇。

[154] ［日］福澤諭吉：《文明論概略》，商務印書館 1982 年版，第 11 頁。
[155] ［日］福澤諭吉：《文明論概略》，商務印書館 1982 年版，第 11 頁。

如果我們把福澤氏在《文明論概略》中提出的「以西洋文明為目標」的思想與中國的洋務派提出的「中學為體，西學為用」的思想進行比較，就可以發現雙方有兩點重大的差異。

首先，日本明治維新人士「以西洋文明為目標」的思想，把西洋文明視為比日本固有文明更高的發展階段。基於這一認識就能夠確立起全方位地仿效西洋文明的基本策略目標，並把西洋近代政治制度、憲法、法律、教育、學術思想、科學技術、軍事技藝與裝備視為彼此不可分割的有機整體。福澤諭吉在《文明論概略》裡就曾指出：在學習西方文明時，人們首先應注意的是其中「一種無形的東西」，「這種無形的東西是很難形容的。如果把它培養起來，就能包羅天地萬物」。他把這種東西稱為「文明的精神」。他認為，「使歐亞兩洲情況相差懸殊的就是這個文明的精神。」[156] 因此，福澤氏提出，「不應單純地仿效（西洋）文明的外形，而必須首先具有文明的精神，以與外形相適應。」[157] 這些論斷反映的正是以福澤諭吉為代表的日本明治維新人士把西洋文明視為一個不可分割的有機整體的思想。

全方位地學習和仿效西洋文明，並把西洋文明視為一個不可分割的整體，這正是日本明治維新的基本精神。正因為如此，我們會驚異地發現，從西元一八六〇、一八七〇年代

---

[156]　［日］福澤諭吉：《文明論概略》，商務印書館 1982 年版，第 12 頁。
[157]　［日］福澤諭吉：《文明論概略》，商務印書館 1982 年版，第 13 頁。

起，那些最早踏上歐洲土地的日本明治維新志士，一開始就以策略的遠見，從整體上學習西方文明入手，去尋求登堂入室的門徑，並且很快地把注意力集中到西歐政治制度、法律與學術、教育這些處於文明更基本的層次上。當然，在郭嵩燾從倫敦給李鴻章的信中，也曾以敏銳的眼光觀察到這一點：

> 日本在英國學習技藝二百餘人，各海口皆有之。而在倫敦者九十人，嵩燾所見二十餘人，皆能英語。有名長岡良藝助者，故諸侯也，自治一國，今降為爵，亦在此學習律法。其戶部尚書某，至奉使謀求經制出入，謀盡力仿效行之……而學兵法者甚少，蓋兵者末也，各種創制皆立國之本也。[158]

其結果，日本不失時機地、迅速而有成效地從西方吸取了對自己未來發展有價值的各種先進東西。他們一面採用西方近代工業、科學、鐵路技術，一面又按西方模型創造了新幣制和銀行制度；他們在創辦商船公司、電報局、郵政局的同時，又制定了一個有議會和內閣的憲法；他們既按西方模式改組了陸海軍，又建立起在諸多方面效仿歐美的教育制度。經過若干年的奮發努力，這個在地理上離歐洲更遠，承受西方挑戰的刺激比中國為時更晚的東方國家，這個歷來被中國士大夫視為微不足道的「蕞爾小國」，便迅速地發展起來，並與歐美並駕齊驅。李鴻章在同治三年就曾懷著妒羨而

---

[158] 郭嵩燾：〈倫敦致李伯相〉，《養知書屋文集》卷十一。

又憂慮的心情寫道：「夫今之日本，即明之倭寇也，距西國遠而距中國近。我有以自立，則將附麗於我，窺伺西人短長。我無以自強，則並傚尤於彼，分西人之利藪。」甲午戰爭的結果，使李鴻章這一超越同時代中國人的見解不幸而言中。

與明治維新派「以西洋文明為目標」的思想不同，在洋務派「中體西用」的思維模式中，洋務派仍然把中國固有的禮樂教化的儒家文明視為天下（或人類）文明的最高形態，西方文明因而在他們看來絕不是中國全面效仿和學習的對象。危機避害意識產生的自衛要求，只能把他們的注意力吸引到西方軍事技藝和器械製造這些特殊的方面，在聖人之道至高至善信念的束縛下，他們必然地把西洋的軍事技藝、器械製造視為可以與西洋並「不高明」的政俗教化完全分割的東西。西學也僅僅在「師夷之長以制夷」這一特定的功能意義上，作為自衛工具才具有學習價值。我們只需列舉洋務派的另一大員張之洞的下述論斷，便可以看到洋務派對西方文明的價值判斷是何等的偏枯：

中國學術精緻，綱常名教，以及經世大法，無不畢具，但取西人製造之長，補我不逮足矣。其禮教政俗，已不免於夷狄之陋，學術義理之微，則非彼所能夢見矣。[159]

---

[159]　張之洞：〈勸學篇·序〉。

　　以這種態度來制定學習西方的策略，自然是免不了瑣碎、狹隘和急功近利。這種膚淺的基本指導思想，對洋務運動自身的發展無疑將產生嚴重的消極影響。

　　其次，如果把明治維新派「以西洋文明為目標」的思想與洋務派「中體西用」的思想相比較，我們便會發現兩者在國民中所激發起來的對西洋文明的態度有著明顯的不同。

　　「以西洋文明為目標」的核心思想，有助於激發日本民眾學習西洋文明的由衷熱情。因為，既然西洋文明從整體上被判識為一種處於更高階段的文明，那麼處於「半文明」階段的日本向這一更高階段邁進的任何努力，都能順應民眾企求更文明的社會生活的期待，契合一個民族嚮往進步的社會心理。福澤諭吉曾如此描繪了當時日本民眾普遍洋溢的學習西洋文明的熱情：

　　我國人民驟然接觸到這種迥然不同的（西方）新鮮事物……這好比烈火突然接觸到冷水一般，不僅在人們的精神上掀起波瀾，而且還必然要滲透到人們內心深處，引起一場翻天覆地的大騷亂。……這種騷亂是全國人民向文明進軍的奮發精神，是人民不滿足於我國固有文明而要求汲取西洋文明的熱情。因此，人民的理想是要使我國的文明趕上或超過西洋文明的水準，而且不達目的誓不罷休。[160]

---

[160]　[日]福澤諭吉：《文明論概略》，商務印書館 1982 年版，第 2 頁。

　　這種主動積極地學習西洋文明的國民熱情是以理性上把西洋文明視為文明更高階段的認識為基礎的，也是與這種認識有機地相互依存的。這種主動學習和效仿西洋文明的精神一旦從明治維新時代的知識階層擴展到一般國民，就自然而然地形成了一股上下交互激盪的社會思潮。吉田茂在《激盪的百年史》中寫道：「在領導者決定開放門戶，汲取西方文明之後，一般國民對此不僅沒有抵抗，反而採取了欣然引進西方文明態度，而且有一段時間，甚至輕視日本固有的文化遺產，認為新東西什麼都好。」[161] 同一作者還告訴我們，在當時，「文明開化」一時成為人們日常生活中的口頭禪。社會上出現了種種活躍的議論，從主張廢除漢字、進行文字改革，提倡吃牛肉、喝牛奶，到提倡與外國女子結婚，以改良日本國民的體質，這些議論都從不同側面反映了一般日本國民對西洋文明的熱烈醉心態度。

　　儘管這種過分醉心西洋文明的態度也會帶來另外一些新的弊端，但是，這裡特別值得指出的是，這種強而有力的社會潮流，對排除守舊社會心理的障礙和阻力，推動日本現代化的歷史演進成為毋庸置疑的助力。而且，對於日本民族來說，值得慶幸的是，由於這種「以西洋文明為目標」的價值觀念順利地成為占社會主導地位的價值取向，從而使日本能

---

[161]　[日] 吉田茂：《激盪的百年史》，世界知識出版社 1980 年版，第 12 頁。

不失時機地汲取西方近代先進文化，並且較快取得明顯的社會效果，其結果，反過來又使人們更深、更具體地理解了西洋文明的種種優越性。這又進一步加強了日本國民一心一意地汲取這種文明的熱情。於是，就形成了一種「開放－積極理解－開放」的良性循環。這種社會政策與社會心理之間的積極的正向回饋過程的出現，很大程度上可以解釋明治維新以後，排外的社會思潮為什麼沒有在日本崛起。

在中國，情況與日本恰恰形成鮮明對比。

正如我們在前面業已分析過的，「中學為體，西學為用」的思想，是那些自認為禮樂教化至善至美的中國士大夫從避害意識角度對西方文化的一種消極反應，其中還包含著對異己的西洋文明「功利末技」欲拒還迎的矛盾心理和不得已的屈尊心理。當洋務派士大夫們本身就受這種心理支配的時候，他們是絕不可能在中國的庶民百姓中激發起像日本國民中那樣強烈而由衷的學習西方文明的熱情的。在日本，明治維新派學習西洋文明，是為了使一個民族實現更高遠的社會發展目標，在中國，洋務派效法西洋諸國，是為了免除這些討厭的「洋夷」對天朝構成的外部危機。前者是主動的、積極的，後者是被迫的、消極的。前者是發自內心的，它激發的是一種對更文明進步的未來社會的憧憬；後者是不得已的，心不甘、情不願的，它充其量只是為了求得恢復傳統時

代的那種盛世（至少對於相當多數的洋務派來說，正是如此），即僅僅恢復傳統社會的原本穩定狀態。在相當多的洋務派人士看來，如果不是出於對「洋夷」侵凌造成的大變局的憂懼，大清的臣民們本來是不必為「師夷之長以制夷」去操心費神的。處於這種苦澀的心態之中，洋務派儘管掌有封疆大吏的實權，但他們也絕不可能理直氣壯地伸張自己的見解，回擊國粹派的指責，更不用說像福澤諭吉那樣去教育自己的同胞了。

　　中國民眾對西學的社會心態，也與日本國民的心態有極大的不同。中國士大夫和一般百姓，對西洋文明不是極度的排斥、鄙視、輕蔑，就是極度的冷漠。自明代以來，中國士大夫不知外情而又自尊自大，除自己的禮樂教化以外，來自外洋者一概以「洋鬼子」、「番鬼」稱之。自明正德以來，葡萄牙人被視為「西洋鬼」，紅髮碧眼的英國人被中國人稱之為「紅毛鬼」；為了對日漸增加的歐洲「紅毛鬼」加以分別，又進一步以其國旗區分，國旗有花者為「花旗鬼」，語言發音與英美雜然不同者則稱之為「雜港鬼」，凡此種種，不一而足。這些五花八門的、「鬼」的鄙稱，絕不能簡單地視為「反侵略的愛國主義」的表現，其中也滲透著一種尊己卑人的心理定勢或心理定向反應。這種定向反應一旦與政治、軍事上的挫折感相結合，很容易發展為一種非理性的文化上的排

外心態，並惡性地強化了對西洋先進文明深拒固斥的國粹保守態度。中國的保守士紳後來不幸恰恰走上了這一條路途。

在鴉片戰爭到甲午中日戰爭之間的半個多世紀中，中國士大夫與一般民眾對西洋文明的極度冷漠態度，也與日本同一時期在接觸西洋文明之後的強烈熱情態度形成鮮明的對比。也許，最能反映這種對比的強烈性的，是下面這兩個數字了：在日本，福澤諭吉在西元一八六六年出版的一本介紹西方文化的書籍立刻在日本銷售了二十五萬冊[162]，而在中國，江南製造局從西元一八六五年開始譯印有關西學的書籍，在此後到甲午戰爭前的三十年中，全部銷售額合在一起，總計不過為一萬三千冊[163]。如果我們再考慮到日本同時期的人口僅為中國的十二分之一，其土地面積僅為中國的二十五分之一[164]，這兩個數字的對比給人的印象就更為強烈了。人們自然可以從這些數字中悟出洋務運動失敗與明治維新成功的社會思潮原因。

---

[162] Carmen Blacker: *The Japanese Enlightenment: A Study Of The Writings Of Fuku-zawa Yukich* (Cambridge Univ. Press 1970), pp.7-8.

[163] 《戊戌變法》第二冊，第 18 頁。

[164] 該數字見於唐才常的〈上歐陽中鵠書〉(《唐才常集》，中華書局 1980 年版，第 225 頁)。

兩難的抉擇

綜前所述，我們可以看到，洋務派的思維模式，基本上可以概括為「中體西用」的折衷主義——「體用」兩叉分類模式。「中學」與「西學」在這個模式中表面上的互容性背後卻潛藏著深刻的緊張狀態。「中學」之「體」對「西學」之「用」壓抑和束縛的結果，使洋務派對西方文化的基本態度不能不是片面的、消極被動的和冷漠的。其結果，深刻的、日益緊迫的外部危機，透過「中學為體，西學為用」的思想機制，引起的只是以洋務派為代表的少數人的膚淺被動反應。這不能不預兆著一場民族大悲劇的漸漸逼近。李鴻章在同治十三年（西元一八七四年）就曾發出過如是悲嘆：

（中國）有用之才，不獨遠遜西洋，抑實不如日本。日本蓋自其君主持，而臣民一心並力，則財與才日生而不窮。中土則一、二外臣持之，朝論（議）夕遷，早作晚輟，固不敢諒其終極也。

如果說日本的明治維新派在自己的國度裡一心一意汲取西洋文明不遺餘力的話，那麼中國的洋務派們卻在理智上和感情上面臨著兩難抉擇的困境。他們不能像徹底的理學家倭仁大學士那樣去拒絕西學——他們頭腦中對理學及聖人之道根深蒂固的信念，阻止他們走向明治維新派那種更徹底的現

實主義。他們一方面面臨著人數更為眾多的國粹派的外部精神壓力，另一方面又受到內心理學信念的心理壓力。思想深層的正統性，使他們在抵擋更保守的國粹派咄咄逼人的攻勢時，可以轉圜的餘地是極小的。他們從傳統思想體系中，從堯舜周公孔孟信條中找出為自己辯解的思想武器是極為有限的。在外部精神壓力與內部心理壓力的雙重箝制下，他們很少有趾高氣揚的時候。他們似乎總是吞吞吐吐、小心翼翼地講話。一方面，他們必須時時提防人數眾多的國粹派把他們指控為「沉溺夷俗」的「漢奸」、「賣國賊」和「勾引外人，贅婿日本」的「洋奴」、「倭奸」；另一方面，他們內心的現實警覺和危機感，又使他們不得不冒天下之大不韙，渴求從洋人那裡獲得一二「祕法長技」。他們如履薄冰地在民族生存意志與正統的聖學信念之間的獨木橋上搖搖晃晃。

洋務派畏縮不前，步履維艱，可以從李鴻章下面的話中體會到：

> 自同治十三年（西元一八七四年）海防議起，鴻章即力陳煤鐵礦必須開挖，電線鐵路必須仿設，各海口必應添洋學格致書院以造就人才。其時文相（文祥）目笑存之，廷臣會議皆不置可否。王孝鳳、于蓮舫獨痛詆之。曾記是年冬底，赴京……極陳鐵路利益……邸（恭親王）意亦以為然，謂無人敢主持。……兩宮（太后）亦不能定此大計，從此絕口不談。[165]

---

[165] 李鴻章：〈復郭筠仙星使書〉，《朋僚函稿》卷十七。

　　這裡，我們還需附帶一提的是，洋務派並不是那種有共同政見的政治集團。這些人之間彼此並沒有在重大外交內政問題上的統一行動和相互照應。例如，在洋務派中，既有最激烈的主戰派，也有最堅決的主和派。他們對具體政治問題的看法往往斑駁陸離，乃至他們之間可以達到相互攻訐、勢不兩立的地步。這實在也是中國近代史上複雜錯綜的奇特現象。例如，左宗棠在中法戰爭中可以與反對洋務最力的保守派徐桐，共同結成反對主和派李鴻章的同盟；張之洞又與同光時代最堅定的國粹派 —— 御史徐致祥、屠仁守等人一起被清代人列入直言敢諫的清流黨名單之中，他們以主戰的宏論在朝野贏得令名；另一個洋務派大員丁寶楨，則又與食古不化的御史王昕、邊寶泉等人一起，在朝廷上面折廷爭，堅持要求外國公使們在同治登基大禮時行三跪九叩之禮。凡此種種事例表明，洋務派們僅僅在「中體西用」這一點上有不同程度的一致性外，幾乎在其他具體問題上都眾說紛紜，各自採取獨立的立場。郭嵩燾在同治時曾感嘆「樞府無可倚毗之大臣，舉朝無可主張之公論，豈唯無同志之援，亦並無氣類之應」[166]。這段議論頗能準確地揭示洋務派政治活動的一般特點。這種一盤散沙式的狀態，使他們像是以正統體系的陸地大本營為依託的淺水中的弄潮兒 —— 依各人不同的水性，

---

[166] 〈致曾沅甫〉，《養知書屋文集》卷十。

零零落落，離岸或遠或近，游離於水岸之間，一個海浪，會使其中某些人繼續留在水裡，而使另一些人連忙爬上沙灘。而大本營中安之若素的國粹派們，則對他們的種種行動指指畫畫而已。事實上，他們與國粹派在許多問題上幾乎沒有明顯的界線，相當一批士大夫都具有這種模棱兩可的身分。例如，朱克敬動搖於國粹派與洋務派之間的言論就很能說明這一點。

令現代的中國人深感困惑的是，為什麼最早認真引導中國人應付西方挑戰的政治派別中的大多數人，竟然是這樣一些在膽識、素質和氣度上堪稱平庸之輩的人們？當中國被迫面臨命運的嚴峻考驗的歷史關頭，當中國最需要有遠見卓識和魄力的人才來渡過民族難關的時候，為什麼不能湧現出像同時代日本福澤諭吉這樣一批在應付西方挑戰方面富有想像力和進取精神的人物？中國近代士大夫中的國粹思潮極為頑強而有力，不得不使整個士大夫階級在對西方文明的客觀認識水準上，處於遠比同時代的日本人更低的起點，這一歷史條件或許可以解釋部分原因。例如，梁啟超曾感嘆，在甲午戰爭（西元一八九五年）前後，堂堂的北京書鋪竟找不到一張世界地圖。[167] 而一位應徵在日本一所很普通的學校教書的美國學者早在西元一八七〇年就曾報導，那個學校所藏的西

[167] 《戊戌變法》第二冊，第 18 頁。

153

方書籍之豐富，已經達到了令人驚訝的地步。[168] 這種比較也許比任何理論上的論證更能有力地引導人們去思索，同時代的中國為什麼不能產生時代所迫切需要的應付西方挑戰的人才。

這裡要指出另一個重要的原因。在高度專制集權的大一統的傳統社會裡，有可能占據了解外部世界資訊通道的，主要是那些處於沿江沿海商埠的地方封疆大員。也只有這樣一批官僚士大夫，才有可能對西洋諸國實力作出比較實際的政治猜想，並多少擁有一些決策權和議論權。

而在當時的中國，從第二次鴉片戰爭到甲午戰爭以前，三十餘年中，在頑強的文化惰性和社會閉塞條件下，中國還沒有可能湧現出其他成熟的政治階層，比這些洋務派們更清楚地認識到時局的嚴峻性，即使民間個別人士具有超乎尋常的卓識遠見，他們也沒有可能像這些掌權的洋務派那樣，去發揮政治影響力。近乎密封艙似的傳統集權結構，乃是一種歷史性的限定條件。它制約了：對西方挑戰的嚴峻現實比較客觀的認識，對於大變局徵兆的覺察。對西方各國情況的認識不能不首先在這樣一批以理學精神為其政治支撐點的、以擊敗太平天國而發跡的「中興名將」等政治人物中產生。如果沒有這批人，如果沒有這些力圖在自己知識和能力範圍內

---

[168] 《梁任公先生年譜長編初稿》上冊，第 11 — 14 頁。

去了解強大的西方對手，並力圖盡自己的力量去解決現實危機的人們，如果整個大清帝國的政治舞臺完全被冥頑不靈的倭仁、徐桐等虛驕的保守派所占據，中國肯定會更加不幸。但是，洋務派這樣一批在政治上的保守主義者居然充當了應付中國民族危機的歷史角色，這仍然還是近代中國的不幸。因為在這樣一批人物中，是注定不可能產生高瞻遠矚的、大智大勇的策略家的。沉重的文化歷史負擔、僵化的社會結構、強而有力的保守思潮以及洋務派官僚自身不可避免的政治特點，決定了他們無力去力挽狂瀾，以擺脫我們這個民族的厄運。凡此種種因素，實際上一開始就決定了中國洋務運動與日本明治維新分道揚鑣的歷史命運。

第四章　洋務派的危機意識

第五章
對洋務思潮的反動
——憤怒的清議派的崛起

　　人心溺於功利，則凡行法者皆得借吾法以逞其私，而易
一法，適增一弊。故治國之道，必以正人心、厚風俗為先。
況法制本自明備，初無俟借資於異俗。

——〔清〕屠仁守:〈以答天戒疏〉

　　近代中國的洋務派始終是時運不濟，命途多舛，這不僅由於前一章已分析過的洋務派本身認識程度的膚淺性，而且還由於自強運動的倡導者們，始終沒有得到大多數士大夫的理解和支持。這是近代思想史上一個十分值得注意的現象。早在同治初期上海任職時期，李鴻章在辦理洋務方面，就可算開一代風氣之先者，但是，按清末人士的說法，「不意三十年來，僅文忠（即李鴻章）一人有新知識，而一班科第世家，猶以尊王室，攘夷狄套語，詡詡自鳴得意，絕不思取人之長，救己之短」[169]。在對待洋務的態度上，中國士大夫官紳階層中的大多數人，不是水火不相容地對洋務派予以非難和鄙視，就是冷漠地不予合作。這幾乎成為同治到光緒中期士林的普遍風氣。同治元年（西元一八六二年）以來，士大夫中極少有人願意報考同文館。報考者甚至會遭到同輩絕交的威脅。[170] 由朝廷派遣出洋考察者離京後，將被沿途迎送的地方官員背後譏笑為「一群漢奸」[171]。郭嵩燾出使英倫，應徵隨員十餘人，幾乎沒有什麼人報名。在廣大士大夫眼中，出洋幾乎等同於流放。連慈禧太后召見郭嵩燾時，也稱「出洋是極苦差事」[172]。這些都可以生動地說明同光之間這

[169] 〈清流黨之外交觀〉，《清朝野史大觀》卷四
[170] 〈清流黨之外交觀〉，《清朝野史大觀》卷四。
[171] 〈清流黨之外交觀〉，《清朝野史大觀》卷四。
[172] 《郭嵩燾日記》第三卷，湖南人民出版社 1982 年版，第 50 頁。

種士林風氣的社會普遍性。

更嚴重的問題還在於，當洋務派倡導的自強運動遭到種種挫折和失敗後，儘管在一些更激進的士大夫中激發了維新思潮[173]，但是在正統士大夫中引起的普遍反應，則是國粹主義的聖學本位意識的進一步強化，以及一種非理性的盲目排外情緒的進一步滋長。這種帶有更偏執、更激昂的情緒化色彩的國粹思潮，可以以當時所謂的清議派為代表：

> 數十年來之主持清議，相屬以忠義奮發者，不曰「用夏變夷」，即曰「閉關謝使」，且動以本朝海禁之開相詬詈。嗚呼！是何言歟？[174]

這些保守的清議派人士嚴格恪守傳統政治信條。他們針對洋務派倡導的自強新政，其態度自然是「沿歷朝以來苟安目前之積習。議和約則必援南宋為言，議開礦則必援明季為言，議立會則必從援東林為言。一唱百和，史文絡繹……蓋

率四萬萬之種類為鄉愿世界，而上孤聖德，下累生民者，皆諸臣之罪也」[175]。

　　如果說，自強運動是中國近代士大夫階層對國際大變局持相對現實明智態度的人士，力圖在儒家價值觀念體系內，為適應西方挑戰而作出文化上的自我更新和自我調節的初步嘗試的話，那麼由於洋務派自強運動的挫折失敗，以日益頑強的清議派為代表的國粹主義的進一步崛起，則使儒家文化透過自我更新和自我調節的方法來實現民族自衛的可能性變得更為艱難。而且，正如後來歷史所表明的，士大夫非理性化的排外傾向的日益發展，有著一種與中下層民眾反抗洋人侵凌而自發鬥爭相匯流的畸形趨勢。在西方壓迫日益加深的外部刺激之下，這種畸形趨勢，不但導致了中國民族自衛運動中一場空前的大悲劇 —— 庚子國難，而且從長遠來看，由於官紳士大夫不能完成民族自衛的根本目標，從而也加速了他們在二十世紀初作為一個階層整體的沒落和滅亡，並促成了以激進的反傳統精神為基本特徵的新一代知識階層的興起。這一大變局對具有數千年歷史的中國傳統儒家文化在現代的式微，具有根本性的影響，正是在這個意義上，以清議

---

[175]　唐才常：〈各國政教公理總論〉，《唐才常集》，中華書局 1980 年版，第 71 頁。

派士大夫為代表的正統士大夫對洋務派自強運動的反動[176]，是中國近代社會思潮史演變的一大轉折點，也是認識從「同治中興」到庚子國變歷史演變過程的一大關鍵。

保守的清議派對洋務窳敗現象的反省

為什麼國粹思潮由於洋務運動的不景氣而抬頭？為什麼自強運動的挫折與失敗會使那麼多以救國為己任的憂國憂民的士大夫被聖學至上的保守原則強烈吸引？我們可以從認知原因與非理性的情緒原因這兩個不同方面來加以考察。

從認知角度來看，這種國粹思潮的不斷強化與士大夫對洋務運動的種種弊端引起的反省有關。

首先，眾所周知，洋務派倡導的自強運動，是在清朝政治統治業已顯露出相當的腐朽性這一特定歷史時期進行的。就一個王朝內部的生命週期而言，當時的清朝已處於政治控制結構和功能全面退化的時期。一位清議派人士——御史徐致祥曾深懷憂慮地指出，當時的清朝社會，「由外觀之，晏然一治象矣，然不知民生之蹙，吏治之壞，士習之囂，官方之靡，有難以語言狀者。譬如一身，患虛怯症，飲食行動，

---

[176] 這裡必須申明的是，近代史上的「清議」，並非是在洋務運動遭到重大失敗以後才出現的，早在洋務派興起初期，反對洋務運動的正統士大夫就往往以清流、清議自居，而洋務運動消極面的不斷暴露，則進一步刺激了這股與洋務派的自強運動相對立的保守思潮，並且日益強烈。另外，必須指出的是，本文使用的「清議派」，與近代史上的「清流黨」並不是同一概念。

雖如常人，而氣虧內損，一旦發覺，有不及療者」[177]。

　　洋務派官僚，一方面是對中國所面臨的空前大變局的敏銳覺察者，另一方面，又是清朝傳統政治體制的支撐者。這一雙重身分就決定了，他們唯一可能的選擇只能是運用業已腐敗的官僚機器，把西方近代科學技術和物質成果直接移植到清代原來社會的舊機體上，並試圖運用這樣的方法來擺脫西方列強加之於中國的民族危機。這種歷史性的限定條件決定了，洋務運動，作為一場軍事上的西化運動，就不能不具有相當的腐敗和低效率。早在光緒十年（西元一八八四年），清議派人士屠仁守就曾揭露過洋務運動中的種種漏洞。他曾指出，洋務派歷年透過內造外購的方法，備置機器，大約花去了數千萬兩銀子。「既無成例以核其報銷，復無額數以示之限制。無事則誇其足恃，以為出奇無窮；有事則恨其未精，頓覺相形見絀。」[178]爾後，中國與「蕞爾小國」日本所進行的甲午戰爭，洋務派多年慘淡經營的，堪稱當時世界海軍第八位的北洋水師幾乎毀於一旦，由此簽訂了喪權辱國的《馬關條約》，遼東與臺灣的割讓，給予中國正統士大夫空前強烈的刺激。洋務派在民族自衛戰爭中的無能表現，從而使正統的清議派士大夫對洋務派腐敗的抨擊，上

---

[177]　徐致祥：〈記時勢摺〉，《嘉定先生奏議》卷下。
[178]　屠仁守：〈應詔陳言疏〉，《屠光祿疏稿》卷二。

升到一個新的高度。例如，徐致祥猛烈地抨擊洋務派「製造則偷工減料，購買則侵漁中飽，以海軍為利藪，將不選擇，兵不訓練」，以致「聞炮聲則膽裂，出洋面則心驚，望影則逃，遇敗莫救，貽誤中國，取笑洋人，李鴻章之罪上通於天」[179]。儘管這位抨擊者免不了士大夫的通病——為了以正視聽而在奏摺中誇大其詞的通病，但多少也反映了洋務派在自強運動中嚴重消極面的客觀事實。

北洋水師艦船。西元一八七五年（光緒元年），依洋務派〈籌議海防摺〉，清廷特命北洋大臣李鴻章創設北洋水師。北洋水師於西元一八八八年（光緒十四年）十二月十七日於山東威海衛的劉公島正式成立。主要軍艦大小共有二十五艘，輔助軍艦五十艘，運輸船三十艘，官兵四千餘人。艦隊實力曾是東亞第一。

凡此種種在洋務運動中暴露出來的窳敗現象，用儒家的語言來分析，自然可以概括在「人心敗壞」、「士風不振」這樣一些公認的觀念表述中。例如，清議派人士褚成博就十分

[179]　徐致祥：〈絕和議摺〉，《嘉定先生奏議》卷下。

明確地表示，甲午戰敗，使「中國數十年洩沓欺飾之局，至此始徹底破露⋯⋯竊謂當今之世，非無治法之患，實無人心之患」[180]。這段議論頗能代表一般正統士大夫對洋務運動失敗原因的基本看法。不但清議派人士是如此看，即使像郭嵩燾這樣的開明人士，也早就用同樣的語言表達了中國的社會風氣敗壞與精神面貌萎靡不振對中國自強運動的消極影響。他指出：「中國人心偷蔽已甚，其勢萬不能有濟。即富、強二者，未嘗無策。然絕非今日所能行。無他，天下萬事萬務，根本（在於）人心，人心流極敗壞，以有今日，直無復可以有為之理。」[181]

　　既然洋務運動之敗是由於人心敗壞所引起的，那麼在士大夫的觀念構架中，解決人心敗壞問題唯一的、也是根本的途徑，恰恰在於加強聖人之道的修養工夫，在於學術的端正，在於透過對聖人之道的提倡來改造人心。在儒家正統哲學中，只有「內聖」，才能「外王」，只有「正心誠意」，才能「修身齊家」，並進而才能達到「治國平天下」的政治理想。因此，鑑於洋務運動單純地追求西洋「技藝之末」而造成節節失敗的教訓，正統派士大夫認為，人們應該充分認真地以聖人之道為楷模，嚴格地規範自己的立身行事，從而使

---

[180]　褚成博：《堅正堂摺稿》卷二。
[181]　《郭嵩燾日記》第三卷，湖南人民出版社 1982 年版，光緒六年（1880）二月二十六日。

人內在的精神資源得到充分的發揮。在清議派看來，其結果自然是所向無敵的，只有聖人之道，才能真正地救中國。

這就是正統派士大夫在洋務運動暴露出種種消極面之後得出的基本結論。清議派人士徐致祥在甲午戰敗以後的一份奏摺，表現的正是這種聖學本位的基本認識。他斷言：

> 天下之治亂，存乎人心。人心之邪正，存乎學術。……未有學術正而天下人心不正，人心正而天下不治者……今紀綱敗壞，禮義掃地，廉恥消亡，四維不張。勢岌岌矣！忠臣義士，嘆息扼腕於下，而莫可奈何。臣獨以為，撥亂反治，措天下於唐虞三代之隆，有捷於反掌而無難者，在皇上正聖學以為天下倡耳。[182]

南京，金陵製造局火箭分局外景。

---

[182] 徐致祥：〈請舉行經筵摺〉，《嘉定先生奏議》卷下。

南京，金陵製造局製造工廠。

　　鑑於同樣的推理，徐致祥還樂觀地認為，在反侵略戰爭中，中國方面兵工廠等軍事設施遭到毀滅性打擊，並不值得惋惜。他奏稱，人們認為「船廠再毀，恐失富強之本，不知國之富強，本不在此也。未有商局、船廠以前，中國富強，仍以百倍於今日」。根據他「人心為富強之本」的見解，他建議朝廷與其把巨款用於重建船廠，不如把經費用來犒賞勇敢的士卒和忠誠的士大夫，以鼓舞士氣，因為「治國之要，唯在任人，不在任法，為有人即有法也」[183]，士氣才是克敵致勝的根本。[184] 他還舉例說，既然湘軍淮軍「士氣振奮」，「昔可以蕩十數省之積寇，今獨不能制四五國之強夷乎」[185]？

---

[183]　徐致祥：〈議和戰事宜疏〉，《嘉定先生奏議》卷下。
[184]　徐致祥：〈奏止開藝科預防微漸疏〉，《嘉定先生奏議》卷下。
[185]　徐致祥：〈奏止開藝科預防微漸疏〉，《嘉定先生奏議》卷下。

南京，金陵製造局火炮試驗。

洋務派透過內造外購裝備起來的西式武裝力量，在中法、中日戰爭中的全局糜爛，不堪一擊，也使清議派對西洋軍械能否有利於自強表示懷疑。他們認為，當年左宗棠〈請拓增船炮大廠以圖久遠摺〉內稱，如能籌二三百萬金，礦炮可以並舉，但如今「用款已逾幾十倍，歷時已三十年，果有為國家竭忠禦侮者乎」[186]？他們還認為，「一船之價，傾中人萬家之產；一炮之費，損士卒百口之糧。器則日新，財則日匱」[187]，而且「洋款累至千百萬之多，償還攤至數十年之後……竭江海以注漏卮，不待有事，已先自困矣」[188]，因此他們自然認為洋務派「剜肉補瘡，無裨於自強之計」[189]。

---

[186]　屠仁守：《堅正堂摺稿》卷二。
[187]　屠仁守：〈應詔陳言疏〉，《屠光祿疏稿》卷二。
[188]　屠仁守：〈以答天戒疏〉，《屠光祿疏稿》卷三。
[189]　屠仁守：〈通州不宜開鐵路疏〉，《屠光祿疏稿》卷四。

福州船政局，又名福建船政局、馬尾船政局，清末由閩浙總督左宗棠創辦於 1866 年，是中國近代最重要的軍艦生產基地，李鴻章讚其為「開山之祖」。後在繼任船政大臣沈葆楨的苦心經營下，船政局成為當時遠東最大的造船廠。

　　如果說，在有些正統派那裡，對洋務派的抨擊，主要是指責其浪費的話，那麼各次戰爭的失敗，則引起相當一部分保守人士對洋兵器本身的實際功效都持否定和懷疑的態度。他們有的人認為，「自強之策，不務修道德，明刑政，而專恃鐵路，固已急其末而忘其本。」[190]「古之為國者，謀及卿士，謀及庶人，謀及卜筮，未聞謀及滑商者。」[191] 他們攻擊洋務派「溺於機巧之心，經國遠猷，運以商賈之智，妄謂古道不可行於今日，詡才能、推干濟，功利之外無他術焉」[192]。正統士大夫聖學本位的價值觀念與他們對西方軍事

[190]　屠仁守：〈通州不宜開鐵路疏〉，《屠光祿疏稿》卷四。
[191]　屠仁守：〈通州不宜開鐵路疏〉，《屠光祿疏稿》卷四。
[192]　屠仁守：〈奏陳求治當務本圖疏〉，《屠光祿疏稿》卷一。

武器和現代機械的憎惡感交織在一起，以致大學問家王閻運在〈陳夷務疏〉中寫出那樣可笑的論斷：

> 火輪者，至拙之船也。洋炮者，至蠢之器也。船以輕捷為能，械以巧便為利。今夷船煤火未發，則莫能使行；炮須人運，則重不可舉。若敢決之士，奮忽臨之，驟無所恃，束手待斃而已。又況陸地行戰，船炮無施，海口遙攻，登岸則困。蠭而擊之，我眾敵寡，以百攻一，何患不克。……（故）機器船局，效而愈拙。[193]

如果說，洋務派由於對中國面臨世界大變局的警懼，引起的是一種外部的危機感，那麼清議派人士對自強運動的抨擊卻是由於他們對社會道德、倫理秩序的敗壞而產生的內部精神危機感。洋務派的外部危機意識導致他們向西方去謀求富國強兵之道；清議派的內部危機意識，則導致他們對儒學傳統政治、道德、學術的固有規範和原則，竭力加以強調。自強運動失敗之後，「以理學維持世道人心」，在清議派那裡，則成了擺脫深重的民族危機的基本途徑。

以清議派為代表的保守思潮，作為對自強運動的反動，它的崛起還與一種非理性的情緒化因素有關。

清朝在歷次反侵略戰爭中的失敗和割地賠款，理所當然地激發起中國士大夫和民眾的反抗熱情，但是，由於正統士

---

[193] 王閻運：〈陳夷務疏〉，《湘綺樓文集》卷二。

大夫昧於國際大勢，缺乏對中外實力比較的知識，遭受失敗和挫折之後的憤慨感，很容易轉化為不顧時勢和條件可能性的求戰心理。按郭嵩燾的說法，這些清議派人士，面對中國的戰敗和蒙受欺凌，「無論曲直，強弱，勝負，存亡，但一不主戰，天下共罪之」[194]。唐才常也同樣指出：「以清議自許者，唯痛詆西學，目為異類⋯⋯湘人虛驕尤甚，輒為大言曰：『夷人特深畏我湖南耳！』及問其所以制敵之策，則曰：『恃我忠義之氣在。』」[195] 反映的正是清議派人士不顧客觀條件地迫切希望透過決一雌雄來報仇雪恥的虛驕心理。處於這種焦躁心理狀態之下，清議派等保守士大夫歷來尊奉的理學，又是一貫側重於強調「民心可恃」、「氣節為本」以及以道義上的正邪來判斷戰爭勝負的根本尺度，聖人之學中這種強調道德力量的基本原則，恰恰為清議派急於宣洩內心屈辱感的求戰求勝心理，提供了「理由化」的條件。清議派可以在這種聖人之道原則的文飾下，高唱主戰的論調，滿足了人們急於宣洩屈辱感的未遂願望。這種高唱「堯舜孔孟周公之道」，來文飾其虛驕心理的主戰言論，可以以王闓運的下述議論為代表：

> 禦敵之道，但當論我之欲戰不欲戰，不當問戰之能勝不

---

[194]　唐才常：〈上歐陽中鵠書〉，《唐才常集》，中華書局 1980 年版，第 228 頁。
[195]　《郭嵩燾日記》第三卷，湖南人民出版社 1982 年版，第 375 頁。

能勝。孔子曰：「三軍可以奪帥，匹夫不可奪志」，故弱女奮掌而紂虎避路，相如張目而秦王擊缶，豈力能勝之哉？志以為必勝也。……今不論事宜而先言勝敗，故臣以為不必論者，三也。[196]

於是，我們發現，在列強侵略加深的歷史條件下，出現了西方刺激與中國正統士大夫反應之間的消極循環：民族危機越是深重，中國在軍事上越是一敗塗地，正統士大夫越是有充分理由從這種「人心澆漓」、「氣節卑靡」的現象中堅定「砥礪於實學」的國粹主義信念。與此同時，洋務派原先就並不徹底的「中體西用」、「師夷之長以制夷」和「講求時勢」、「仿效西學」的策略選擇，則成為這些謷於聖人之學而昧於國際時局的清議派為代表的正統士大夫攻擊的目標。這些國粹派還以一種咄咄逼人的、慷慨激昂的主戰言論，迎合了社會上的虛驕心理，博取了社會上的好感，從而又形成朝野上下，對清議派不合時宜的高談闊論崇拜交響的局面，令明了世界大局的開明人士幾乎陷入「四面楚歌」的窘境。曾紀澤曾悲憤地寫道：「吾華清流士大夫，高論唐、虞、商、周糟粕之遺，而忽肘腋腹心之患。究其弊，不獨無益，實足貽誤事機，……紀澤自履歐洲，目睹遠人政教之有緒，富強之有本，豔羨之極，憤懣隨之。然引商刻羽，雜以流徵，屬而和

---

[196] 王闓運：〈陳夷務疏〉，《湘綺樓文集》卷二。

之者幾人？只能向深山窮谷一唱三嘆耳。」[197] 像曾紀澤這樣
的明達世界大局的英才，竟因中年不得志，鬱鬱而死，而那
些「動輒可使制梃撻秦楚之堅甲利兵為言」的清流派人士，
卻「坐致時譽，身名具泰」。

曾紀澤，中國清末著名外交家，曾國藩之子。《里瓦幾亞條約》（Treaty
of Livadia）簽訂後，清廷頒發上諭改派出使英法公使的曾紀澤兼任出使
俄國公使，赴俄談判改約。經半年多交涉，與沙俄代理外交大臣吉爾斯在
聖彼得堡簽訂《中俄伊犁條約》（即《聖彼得堡條約》，Treaty of Saint
Petersburg）和《改訂陸路通商章程》。

[197]　曾紀澤：〈倫敦致丁雨生〉，《曾紀澤遺集》，岳麓書社 1983 年版，第 171 頁。

應付心理困境的新途徑：
文飾與曲解

　　以清議派為代表的保守思潮，在民族危機加深的歷史條件下崛起，與其說使正統士大夫尋找到了擺脫困境的出路，不如說使他們陷入了更深的文化困境，空洞的聖學本位立場，虛驕而不切實際的高談闊論，昧於中外力量對比的偏執求戰心理，這種更激進的保守主義應戰方式，只能導致中國更大的挫折和失敗與士大夫內心的屈辱感、憤惱感的日益加深。光緒二十三年（西元一八九七年）唐才常在《湘報》上發表的一篇時論淋漓盡致地揭示了這種以保守性和虛驕性為基本特徵的社會態度：

　　數十年來徒以清議相持者，人之富強，弗問也，己之貧弱，弗知也，彼與我同為捨生負氣之倫，弗顧也。但一言外交，則「夷耳夷耳」，不知我夷彼，而彼且夷我於三等土蠻也。……嗚呼！遍中國皆如是，後來肯從事交涉者，伊何人矣！則試問方今世局，能憑盛氣，奮空奉，孤注君父以求一逞耶？抑仍將締好結盟，通商惠工，徐觀其後耶？……平時於交涉一途，未曾夢見，或時露其鄙夷非笑之心，自翹異於人；有事則指摘素所嫉妬一二人為諉過地，且市忠憤名於天下。……吾悲政學之晦至於此極，……沉痛悲切，憂鬱欲死，

尚可言哉，尚可言哉？[198]

　　大多數正統士大夫觀念和思想上的自我封閉，對國際時局毫無求知之心的虛驕態度，在遇到中國軍事上和外交上的屈辱和失敗之後，就必然導致正統士大夫情緒上一種憤無所洩的非理性心理狀態。唐才常指出：

　　今世士夫，不務所以自存於爭妬魚肉之秋，但一言外交，則攘臂詬罵，涕唾交頤。吾不知如彼其攘臂詬罵，涕唾交頤，遂能使彼數十雄國，畏我驕，厭我憒，相帥而去焉，否也，抑仍將講求交涉應付之學，以通其隔閡也？[199]

　　這種屈辱感和挫折感，在國粹派那裡，既不能透過向西方求自衛之術的方式來排遣，也不能透過戰爭上打擊敵人、報仇雪恥的方式來排遣。心理上的焦灼感，沉重地壓抑在人的心頭，難以透過合理的正常方式加以疏導和宣洩。為了擺脫這種受壓抑的焦躁感對人們精神和身體的長期不良刺激，人們往往會不自覺地以某種方式把產生挫折的現實，加以主觀的重新理解和「改變」，以便減弱或消除心理上的不安和痛苦折磨。這種在潛意識中進行的心理自衛活動，在心理學中，被稱為心理防禦機制。

　　以心理防禦機制為手段來應付西方挑戰強加給中國正統

---

[198]　唐才常:〈各國猜忌實情論證〉,《唐才常集》,中華書局1980年版，第127頁。
[199]　唐才常:〈各國猜忌實情論證〉,《唐才常集》,中華書局1980年版，第120頁。

士大夫的精神刺激，可以說是一種走向絕境的前兆。這一社會群體性的心理現象的出現，是認識中國近代士大夫及民眾社會思潮史演變過程的一個不可忽視的關鍵因素。

在正統士大夫身上表現出來的心理防禦機制，就其中比較有代表性和普遍性者而言，我們大致上可以列舉出以下幾種類型。

◆文飾作用

文飾作用又稱為「合理化（Rationalization）」，當人們不得不接受某一令其憎惡或屈辱的既成事實，而又為了避免由此引起的屈辱和羞恥感，往往會無意之中尋找出若干理由來證明：該既成事實，實際上是「合情合理」的、「有益無害」的，甚至不但不會使自己蒙恥受辱，而且我們還應該深感慶幸等等。一旦人們在理智上相信了這一種合理化的自我解釋，他們內心的屈辱感就頓時會得到一種排遣和解脫。[200]

同治時期，御史吳可讀就各國公使覲見中國皇帝的禮儀問題呈交朝廷的一份奏摺，便是正統士大夫文飾作用表現的一個具有典型意義的生動例子。

同治十二年（西元一八七三年）六月，年輕的同治皇帝將舉行親政大禮，俄、英、德、法、美等各國駐華公使聯銜

---

[200] 魯迅筆下的阿Q挨打之後，無力透過還手報復來宣洩其屈辱感，便以「兒子打老子」這一杜撰的理由聊以自慰，此便是文飾作用的表現。

向清廷照會，要求按國際慣例，參加觀見。同時，根據《天津條約》相關條款的規定，外國公使觀見中國皇帝時，將按國際外交禮儀，行免冠鞠躬禮 ── 即不再按中國傳統禮儀要求行三跪九叩之禮。

各國公使的這一要求，使清朝君臣頓時陷入兩難境地。吳大澂的奏摺頗能反映朝臣們當時的窘境和矛盾心理。他在奏摺中指出：洋人公使希望瞻仰我大清皇帝的天顏，是一種有誠意的表現，恐怕難以拒絕。但是，朝廷禮儀是列祖列宗所遺下的制度，如果殿陛之下，儼然有不跪之臣，不但國家無此政體，而且在朝廷上那些司禮諸臣於內心何以自安？因此，如果讓洋人破壞三九之禮的祖制，「不獨廷臣以為駭異，即普天下之臣民，亦必憤懣不平」[201]。

一方面，中國天子作為「天下共主」的尊嚴和祖制的神聖不可違離，使朝臣們力圖拒絕洋人在觀見禮上悖離中國祖制。另一方面，實力雄厚的西方列強又以《天津條約》的明文規定和國際外交禮儀規則相要挾。如果應順洋人們的要求，大清臣子將來何以有面目見列祖列宗？如果對洋人要求予以拒絕，豈不又給對方提供口實，使其指控中國破壞《天津條約》？對方豈不又會藉機引出新的事端？朝廷內外，知書達禮的君臣們絞盡腦汁，進退維谷。

[201]《籌辦夷務始末》卷八九。

刊載吳可讀畫像的文集。光緒五年，吳可讀以屍諫的形式，請求為同治帝
立嗣，成為光緒初年的一個政治事件。

在這種情況下，御史吳可讀，一位極端堅持綱常原則的
人物，呈交了一份堪稱奇文的奏摺，內稱：

洋人無異於禽獸，使其行三跪九叩之禮，有如強禽獸而行
五倫之禮，能使其行，不為朝廷之榮，不能使其行，亦不足為
朝廷之辱。各大臣以為不能使各國使臣從中國之禮，為中國之
羞，臣竊以為，使各國使臣行中國之禮，反為中國之羞。

一旦我們把洋人視為禽獸，「牠們」就不配行只有我們
人類才有資格行的三跪九叩之禮。我們也完全不必因為他們
不行三九之禮而感到屈辱、羞恥和惱恨了。在現代人看來，
吳可讀這一份奏摺中的言論之荒謬無稽，幾乎達到不可思議
的地步。但是，只要我們把研究的視角轉向吳可讀的非理性
化的那個層次 —— 潛意識層次，我們就可以理解，正是這種
「洋人禽獸論」，能夠使正統士大夫一方面不得不接受令人屈

177

辱的既成事實，另一方面又能使內心不再遭受惱怒和挫折的刺激，收到擺脫內心精神痛苦的奇效。這正是心理防禦機制的妙用所在。

這種把現實中的苦果文飾為「甜果」的心理現象，往往被心理學家形象地稱之為「甜檸檬機制」（因為現實的檸檬是酸的）。但相反的情況是，把爭取不到的甜果想像為不值得為之惋惜的「酸果」，以此來否認這種追求和努力所具有的價值和意義。

朝廷果然欣然接受了這份著名奏摺的解釋，同治皇帝應順了各國公使提出的要求，讓洋公使們在同治十二年（西元一八七三年）六月二十九日以鞠躬禮觀見了中國皇帝。

吳可讀在該奏摺中反映出來的潛意識的文飾心理，在當時並不僅僅是一種個體的心理，而是一種十分普遍的社會心理現象。我們可以例舉當時清廷官辦的《京報》對於這次同治皇帝接見外國公使的報導為證。《京報》對這次觀見的描繪是：英國公使先誦國書，約二三語即「五體顫慄」，以致同治皇帝向他問話都無法回答。其他各國公使相繼觀見時，據稱，有的在中國皇帝的天威面前「雙手顫抖」，以致其奉呈的國書失落在地，有的在恐懼之餘「雙足不能移動」。回到休息處所，公使們「汗流浹背」，以致無法赴宴……該《京報》還稱：恭親王在此時開始教訓各公使：

吾曾語爾等謁見皇帝，非可以兒童戲視，爾等不信，今果如何？吾中國人，豈如爾外國人之輕若雞羽者耶！[202]

這種漫畫式的諷刺性描述，與其說是新聞報導，不如說是在文飾心理支配下海闊天空的想像和發揮。尤其是恭親王的「訓話」，正是中國國民受屈辱欺凌之後，渴望擺脫這種屈辱感的潛意識曲折反射。它滿足了作為報導消息者的官方與士大夫讀者同樣的社會心理的深層要求。

◆曲解作用

這是正統士大夫用以排遣內心屈辱感與挫折感的另一種潛意識心理防禦手段。當人們既無力迴避又無力透過現實的手段去改變、消除他所憎惡和反感的事實時，為了避免該既成事實對自己精神的痛苦刺激，人們往往會不自覺地把該事物的消極意義加以曲解和美化。這種解釋活動的潛在宗旨，在於減少該資訊的消極意義與人們固有的見解、信念、立場之間的差異和矛盾。[203] 當人們把某一事物的消極意義曲解為具有積極意義時，該資訊就與人們固有的信念體系和立場、價值尺度之間的差異不再存在，在這種情況下，該事物就不

---

[202] 轉引自陳恭祿：《中國近代史》，商務印書館 1936 年版，第 278 頁。
[203] [美] 弗里德曼·西爾斯·卡爾史密斯：《社會心理學》，黑龍江人民出版社 1984 年版，第 351 頁。

再是令人難堪或痛苦屈辱的了。[204]

從同治到光緒中期，在士大夫中廣泛流行的泛教化論，便是「曲解作用」（Distortion）的典型表現。

泛教化論的出現，有理性層次與非理性（即潛意識）層次兩個方面的原因，在本書第二章裡，我們從中國傳統範疇的語義模糊性與「聖學投影」的思維方法這一認知思維角度分析了泛教化論產生的理性層次上的原因。在這裡，我們還要進一步指出，士大夫潛意識中的心理防禦要求，是導致正統士大夫津津樂道地鼓吹泛教化論的非理性層次的原因。

例如，泛教化論的著名提倡者俞樾在光緒前期把洋人的「心計之奇巧，器械之精良」的意義，曲解為「天實啟之」，「使之自通於中國」。然後，俞樾由此進一步斷言，「天下大勢，分久必合」，「今遠人來歡」，「乃分而必合之徵」。他預言其結果則是：

「中國將出大聖人，將合大九州島（包括歐美各洲）而君之。」、「以復神農以上之舊」的天意，將透過洋人的奇巧心計和精良器械而實現。[205]

同樣的曲解作用，還表現在李元度的論斷中。李氏把西

---

[204]　這種對現實資訊的潛意識曲解與人們在認識過程中的認知失誤完全不同。認知失誤是主體由於主客觀條件的局限性而沒有正確地反映客觀現實。曲解則是主體旨在於下意識地尋求自我安慰而扭曲事實，以此來避免精神痛苦的心理防禦手段。

[205]　俞樾：《國朝柔遠記·俞序》。

方近代文明的「舟車、器械、天文、算學」不自覺地曲解為上天「使（洋人）染於堯舜孔孟之教」的工具，從而得出如下結論：「當此中天景運，聖教被於絕域，必自今日始矣。」[206]

此外，李元度把西洋各國來華人士學習漢語、譯讀四書五經，解釋為不知禮教的、落後的西洋人，正在改變自己的陋俗。他還把英國某一教派重視宗教實踐，解釋為是堯舜孔孟的正教傳到了西洋各國，由此來證明洋人已自己覺悟到過去的種種錯誤，從而改邪歸正，遷喬出谷。[207]

綜上所述，西方侵略中國的種種資訊，經過泛教化論者的曲解、過濾，通通變成與正統儒家觀念體系中的「天下中心論」、「禮教至上論」、「用夏變夷論」相一致的東西。洋人的輪船大砲變成了實現「聖人之學」傳播異域的工具和手段，洋人的器械之學成了上天誘導洋人漸染孔孟之教的媒介物，並以此來證明「吾知百年內外，盡地球九萬里，皆當一道同風，盡遵聖教，天下一家，中國一人之盛，其必在我朝之聖人無疑矣」[208]。

一旦人們真誠地相信這一結論，那麼洋人迫使中國簽訂賠款割地的《南京條約》、《天津條約》、《北京條約》所產生的挫折與屈辱感，就自然會煙消雲散，至少也會在一定程度上有所減輕。

---

[206] 李元度：〈答友人論異教書〉，《皇朝經世文續編》，光緒十四年（1888）版。
[207] 李元度：《國朝柔遠記·李序》。
[208] 李元度：《國朝柔遠記·李序》。

正統派士大夫的遷怒心理及其表現

隨著中西文化衝擊日益激烈，洋人侵凌日益加深，民族危機日益嚴重，人們對西方列強的憤怒仇恨和憎惡感也相應地增長。由於西方列強武力強大且又遠在天涯，又由於在華洋人受治外法權保護，中國士大夫的憎惡感與仇恨情緒受到上述各種客觀條件的限制，當這些受壓抑的情緒無法直接地向西洋各國和洋人直接表達時，有時就會轉向另外一些比較容易接受這種情緒發洩的客體對象上去。長期積壓於內心的情感轉移和以此方式實現的宣洩，可以減輕人們心理上的負擔，並在一定程度上恢復精神上的平衡，這種心理防禦機制，可稱為「轉移作用」或「置換作用」。日常生活中常見的「遷怒於人」便是「轉移作用」的一種常見形式。

從心理學角度而言，能夠充當人們遷怒對象的事物，往往或多或少具有以下一些特點。

首先，該客體對象與原先激怒人們的事物（或稱挫折源）具有某種相關性，從而使人們在主觀上往往不覺自地把該對象與挫折源置於連續的統一體中來對待。這樣，人們就很容易不知不覺地把自己對挫折源的惱恨與自己力圖施以報復的行為，投射、轉移和發洩到該客體對象上去。

其次，充當人們遷怒對象的客體，往往是易於接受人們的攻擊性行為而較少有可能對攻擊者施以反刺激和反報復的

客體對象。這樣，就使人們的遷怒行為能順利地完成而不致受到阻礙。正是在這個意義上，魯迅筆下的阿Q被假洋鬼子痛打而深感惱怒時，卻把靜修庵的小尼姑這樣的弱女子——較之狠揍過阿Q的王胡，更易於成為阿Q發洩其「晦氣」的對象。

第三，人們選擇的遷怒對象，往往表面上具有一些可供攻擊的正面「理由」。這些「理由」越是顯得充分、合理和冠冕堂皇，人們就越會認為自己對該事物的攻擊和發洩惱怒是正當合理的。人們遷怒於「代罪羔羊」時，也就越是理直氣壯，而在遷怒心理驅使下產生的攻擊行為，就越會受到正面理由的文飾和掩蓋。

根據以上這些條件來看，西方科學技術及洋人舶來的物質文明中的各類事物，便成為正統士大夫轉移對洋人惱怒感和憎惡感的最合適對象。首先，西學為洋人所帶來，與洋人連為一體。其次，反對西學並不會引起洋人的反刺激。第三，西學作為不合聖人大經大法的「旁門邪道」又具有可供攻擊的正面理由。[209] 正統士大夫對西學的非理性遷怒作用，在倭仁反對西學的言論中可以得到充分的證明。倭仁斷言：

---

[209] 中國近代正統士大夫仇視西學，講求西學者被視為「名教罪人」、「士林敗類」，也同樣有著理性層次與非理性層次（潛意識層次）兩個方面的原因，本書第二章對國粹思潮認知心理基礎的分析是從理性層次上著眼，在本章中我們則側重於分析士大夫排外性的非理性層次。這兩個層次實際上是交互影響和互為依託的。

如以天文、算學必須講求，博采旁求，必有精其術者，何必夷人，何必師事夷人。且夷人，吾仇也，咸豐十年，稱兵犯順，憑陵我畿甸，震驚我宗社，焚毀我園囿，戕害我臣民，此我朝二百年來未有之辱，學士大夫無不痛心疾首，飲恨至今，朝廷亦不得已與之和耳，能一日忘此仇哉？[210]

倭仁論調的根本實質是：西學是仇人之學，我們恨仇人，所以我們就應該恨西學。並且，透過恨西學，我們對仇人的惱怒和義憤也就得到了宣洩。

這位大學士明顯不合邏輯和常識的論斷，在事實上卻被正統士大夫廣泛接受，並且使當時的洋務派處於守勢，很大程度上是因為這一論斷本身所蘊含的轉移作用的心理，迎合了廣大正統士大夫潛意識中同樣的心理要求。[211]

實際上，隨著帝國主義對中國侵略的加深，倭仁這種把西方近代文明當作遷怒對象來攻擊的社會心理，不但在正統士大夫中，而且在平民百姓中也有著日益廣泛的發展。

這種對西洋文明的憎惡感，不但受到聖學本位理性思維的支持，而且受到潛意識中遷怒心理機制的支持，從而顯得特別頑強而有力，並帶有強烈的情緒化色彩，郭嵩燾給李鴻章的信中寫道：「中國人心有萬不可解者……一聞修造鐵路、

---

[210] 引自《國朝柔遠記》卷十六。
[211] 韓文舉：〈國朝六大可惜論〉：「庚申年，恭親王洞達時變，倭文端公一言總之。」載《皇朝經世文三編》卷四。

電報，痛心疾首，群起阻難，至有以見洋人機器為公憤者。」他還指出，曾紀澤僅僅因為家事乘坐小輪船至長沙，就引起湖南官紳群起攻擊，以致鬧了數年。後來，郭氏乘小火輪返湖南家鄉，湘人焚其火輪。[212] 這種遍於士大夫的極端憎惡西方物質文明的情緒化社會心理，絕非聖學至上的衛道觀念這一單純的理性因素可以解釋。

由於痛恨洋人侵略中國而遷怒於西洋近代文明及各種西洋器物的社會心理，在庚子國變時期，在義和團和一般百姓中表現得更為強烈。據史料記載，義和團「最惡洋貨，如洋燈、洋磁杯，見即怒不可遏，必毀而後快」[213]。我們在下一章將更詳細地分析這一現象。

正統士大夫遷怒的第二類對象，是對郭嵩燾、曾紀澤這樣一些公開稱讚過西洋文明的開明士大夫，對他們予以憎恨和攻擊。

從心理學角度而言，人們對傷害過自己的對象自然會產生厭惡和憤怒的否定性情緒體驗，當一種令人憎惡的對象受到稱讚時，人們就會立即對該稱讚者表現出憤怒和仇視。郭嵩燾、曾紀澤都先後到過西方，並在國外和回國後對西方文明的先進政教和科學技術作了客觀如實的報導。同時，他們還主張向西方學習富強之道。這樣，就十分自然地使人們把

---

[212] 〈清流黨之外交觀〉，《清朝野史大觀》卷四。
[213] 〈天津一月記〉，《義和團》第二冊，第 141 頁。

他們放在與挫折源（西方列強）連續的同一體之中來加以認同。正統士大夫對洋人的侵凌所產生的憤怒感很容易宣洩到他們身上。郭氏從英倫返回，「偶言泰西立國有本末，都人嘩，萬矢叢集，賫恨以終」[214]。曾紀澤返國，「朝士亦多以漢奸目之」[215]。庚子國變高潮時期，郭嵩燾已死，當時，郎中左紹佐還上奏，戮郭嵩燾等人之屍「以謝天下」，表明他們對郭氏等人的多年積憤達到如此刻骨銘心的地步。

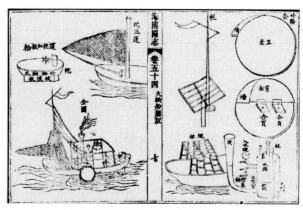

西元一八六二年，曾國藩在安慶建立了一個軍械所，招攬專門人才。同年四月，軍械所奉命開始試造火輪船。第二年十一月，造出了一艘蒸汽動力船，但由於技術原因，這條船隻行駛了一里路就開不動了。改進技術後，一八六五年中國第一艘有實用價值的蒸汽船「黃鵠」號建造成功，這條五十五尺長、二十五噸重的船，時速二十二海哩。雖然它不起眼，但卻是中國人自己造的。上圖為《海國圖志》記載的火輪船圖說，但從上文曾紀澤在家鄉的遭遇可見，湖南鄉紳群體並不認可火輪船的技術推廣。

---

[214]　唐才常:〈各國猜忌實情論證〉,《唐才常集》,中華書局 1980 年版，第 127 頁。
[215]　〈清流黨之外交觀〉,《清朝野史大觀》卷四。

消極心理防禦戰術的畸變趨勢

　　這裡，我們特別要指出的是，當人們把對西方侵略的仇恨感情，透過轉移作用的心理防禦機制，而直接投射到西學、西方物質文明及開明士大夫身上時，這就導致了中國現代化過程前所未有的嚴重障礙。因為，潛意識的轉移作用——這種非理性因素比聖學至上的理性因素具有更頑強的力度和相對的不可逆性。更具體地說，如果人們僅僅從聖人之道的本位立場，把西學視為異端來加以排斥，這種認知思維上的錯誤，一旦在現實生活中碰壁，那麼人們往往可以透過理智活動的自我調節能力和反省能力而自行糾正對盲目排斥西方文化的錯誤態度，從而達到對外部環境挑戰的重新適應（正如在洋務派那裡出現的情況）。但是，一旦人們把憎惡西方文明及其物質技術成果視為排遣對洋人仇恨的遷怒對象和「代罪羔羊」，問題就反了過來，並變成這種惡性循環：洋人侵凌越深，士大夫精神上的痛苦越深，人們就越是遷怒於西方文明，以此來減輕內心被壓抑的情緒和精神痛苦；對西洋文明的否定和排斥，又使中國更為落後和貧弱。結果，中國就越是容易遭到列強進一步的欺凌，從而蒙受更大的損失。新的屈辱和憎恨，由於找不到合理的疏導途徑，又不得不在轉移作用的心理機制下，遷怒「西學」，從而導

致更盲目的非理性排斥西方近代文明的社會心理，周而復始的惡性循環又重新開始。

在中國近代史上，中國正統士大夫與民眾反抗西方列強的民族自衛鬥爭，往往與文化上的排外主義交互激盪、同步發展，並在一九〇〇年達到庚子國變這一登峰造極的地步，此是中國近代文化史和政治史上一個十分突出並值得人們充分注意的歷史現象。這種中國近代史上特有的文化－社會現象恰恰與本書提到的明治維新時代日本知識界與民眾對西學積極態度的良性循環形成十分鮮明的對比。造成這種根本不同的因素固然是多方面的，但是，本節所闡述的轉移作用，這種非理性因素對中國正統士大夫與一般民眾對西學態度的消極影響，無疑是一個不可忽視的原因。

必須指出的是，在個體心理學中，心理防禦機制有免除焦躁感等消極情緒對人體及精神過重刺激的積極作用，但是，當我們運用心理防禦機制的理論來分析近代正統士大夫的社會政治態度和行為時，我們就會發現這種非理性的因素，具有嚴重的消極性。因為，保守的正統士大夫一方面無力迴避西方文化的強烈衝擊力，另一方面又不願意對傳統文化自身予以適應性的內部更新。處於這種兩難困境的條件下，正統士大夫們不得不以心理防禦手段作為減輕主觀上的精神挫折感的解決辦法。

正統士大夫的群體心理防禦機制的消極性，主要表現在以下幾個方面。

首先，這種心理防禦機制，僅僅是應付士大夫內心焦灼感的主觀手段，而不是認識客觀事物的手段。它們不但不能幫助人們如實地認識西洋近代先進文明、中西文化衝突、國際上弱肉強食的大變局以及中國面臨的日益深重的民族危機這些客觀現實，而且心理防禦機制要達到減弱或迴避主觀上的精神不安和消除痛苦的目標，恰恰是以扭曲、顛倒，乃至否認客觀事物真實狀態及客體對象真實屬性的高昂代價來實現的。因此，心理防禦機制的功能和目標決定了它對客觀現實的扭曲性。

其次，心理防禦機制對士大夫精神上的「鎮痛」功能，又必須以人們（在理智上無法意識和覺察到）對客觀現實的扭曲、顛倒為其存在的先決條件。換言之，如果人們主觀上意識到自己為實現自我安慰而在進行文飾、曲解和轉移的心理活動的話，那麼，文飾作用、曲解作用、轉移作用等心理自衛的功效則會立刻失效。[216] 正因為如此，當人們越是有求於用心理防禦手段來排遣這種否定性情緒體驗時，他的理智就越不可能

---

[216] 例如，在日常生活中，一個在外面受到屈辱和惱怒的人，回到家中，無意中把自己的子女當作「出氣」對象時，他往往有許多文飾自己出氣行為的理由，一旦他發現自己對子女的懲罰是出於遷怒的話，他自然不再出現對子女的遷怒行為。

發現自己在受文飾、曲解、轉移等各種心理防禦機制的活動支配。因此，心理防禦機制的實現，又必須以主體對自己的心理防禦活動的不自覺性為存在的第二個基本條件。

綜上所述，心理防禦作用對現實的扭曲性與對這種扭曲性的無法覺察，恰恰是這種機制完成其精神鎮痛作用的兩個相互依存的前提。當人們經受的精神痛苦越深，人們越是在下意識中需要以這種消極的心理防禦機制作為擺脫痛苦的基本手段，由此人們在行為中和思想中對客觀現實的悖離和扭曲，就越為嚴重。正因為如此，當近代正統士大夫在民族危機日益深重的歷史條件下，把消極的心理防禦機制作為避免西方挑戰和中國民族危機強加給他們的精神刺激的手段時，他們就必然地陷入「盲人騎瞎馬，夜半臨深池」的危險境地，陷入一種飲鴆止渴的惡性循環。正統士大夫的這種社會心理有一種難以自我抑制的畸變趨勢，這種趨勢對中國近代社會思潮的影響是不容忽視的。

清議派與天津教案：
不祥的先兆

　　這裡，我們將透過天津教案這一事件，來分析複雜的歷史條件下形成的上述群體性社會心理，對中國民眾與士大夫反洋教鬥爭產生的一些消極影響。

　　天津教案的發生，與中國近代史上的其他教案一樣，有著深刻、複雜的社會政治原因與文化衝突原因。例如，帝國主義以不平等條約的規定把西方傳教事業強加給中國，從而在中國民眾與士大夫中引起反感；洋教士良莠不齊；教民中的敗類以教會為護符，武斷鄉曲，欺凌孤弱[217]；教會宣揚的教義與中國傳統倫理文化的激烈衝突（如洋教會不許信教者拜神禮佛、祭祀祖先等等）；中西文化不同而引起的誤會[218]；教會慈善事業的某種弊端……凡此種種多方面因素的結合，使士大夫官紳及一般民眾與洋人教會之間的矛盾一

---

[217] 《蠡測卮言》：「至道光咸豐間，法人屢遣教士學習華語，奔走四方開設講堂。於是奸民遂借進教為護符，詐鄉曲，凌孤弱，占人之妻，侵人之產，及至事發，教士私相袒護，或匿之講堂，或縱之海外，人民怨極，群思報復。」

[218] 例如，揚州教會醫院把解剖後的死胎兒，浸於酒精瓶中，被士大夫謠傳為：「剖孕婦之腹，取胎兒制長生不老之藥。」又如男女教徒同處教堂內共同禮拜，與中國傳統的「男女授受不親」的倫理原則相矛盾，也引起士大夫惡意的猜測。此外，又如教會為臨死的小孩施洗禮，被人們迷信地推測為「剖小兒心肝以製藥餌」。士大夫鄉紳官僚又往往以這種並無根據的推測寫成文字，刊印為檄文、揭帖，在社會上廣為傳播，以訛傳訛。凡此種種情況，都反映了中國近代士大夫、民眾與西方教會發生激烈衝突的文化方面的因素。

直十分尖銳。隨著西方列強侵凌步步深入以及中西文化的衝突在近代日益劇烈，民眾與教會的矛盾也日趨激化。中國近代史上的教案有著民眾反抗西方列強侵凌的自發抗爭與中西文化衝突鬥爭的兩重性質。天津教案是中國近代史上最大的教案，捲入這次教案事件的各階層人數眾多，清議派人士及正統士大夫在這一事件中的態度，對我們認識中國正統士大夫與民眾在反洋教的鬥爭中表現的社會心理方面的一些消極特點，以及這些特點對中國近代社會思潮發展趨勢的不良影響，具有典型的意義。

西元一八七一年，天津教案後的仁慈堂。

天津教案中被毀的第一代仁慈堂外景。

　　天津教案的大致經過是這樣的：同治九年六月，一個名
叫武蘭珍的拐賣兒童的罪犯被天津官府抓獲。該犯供稱其作
案使用的迷拐藥為天津法國天主教仁慈堂所供給。當時，社
會上關於洋教堂拐賣兒童及以兒童心肝配製長生藥的傳言業
已十分廣泛。武蘭珍案件發生後，消息不脛而走，天津民眾
與士大夫群情激昂，鄉紳集會於孔廟，書院為之停課聲討，
在仁慈堂外天津市民不期而集者達萬人之多。在這種情況
下，參加案件調查的法國領事豐大業乖戾暴躁，首先開槍擊

傷清朝官員，民眾積憤一發不可收拾，當場毆斃豐大業及其隨從。此後，民眾又自發鳴鑼聚眾，殺死法國神父、修女、洋商、洋職員及其妻兒等計二十人，以及中國雇員數十人，並焚燒法國教堂、育嬰堂、領事署及英美教堂數所，釀成中國外注目的一大命案。

曾國藩奉命調查此案。調查結果顯示，仁慈堂內男女幼童一百五十餘人，均稱由其家屬送至教堂養育，並無拐騙實據，當時天津城內外，也無兒童遺失的報案，被教堂掩埋的死嬰屍體，也都有心有眼。[219] 所以，社會上有關仁慈堂「拐賣兒童，剖心挖眼」之說，純屬謠傳，沒有任何實據。經官方審查，百姓中也沒有提出證據者。[220]

迫於英法等七個西方列強的聯銜抗議，清廷議定賠償死者家屬撫卹金四十六萬兩，由崇厚代表清政府前往法國致歉，府縣官員因料理不善受流放處分，並處死、杖罰、流放參與教案的天津民眾數十人，天津教案始算了結。

與我們分析的論旨有關的問題是，為什麼當時由一個罪犯提供的、未經調查核實的謠傳，居然能在極短的時期內使

---

[219] 曾國藩：〈諭天津士民〉，《國朝柔遠記》卷十六：「前聞教堂有迷拐幼孩、挖眼剖心之說……然必須訪察確實，如果有無眼無心之屍，實為教堂所掩埋，如果有迷拐幼孩之犯，實為教堂所指使，然後歸咎洋人，乃不誣枉。」

[220] 《同治朝東華續錄》卷八六：「仁慈堂男女一百五十餘口，均稱其家送至堂中育養。並無拐賣事情。至挖眼剖心，經曾國藩親問，百姓無能指實。詢之天津城內外，亦無幼童損失控告之案。……其實挖眼剖心、戕害生民之說，多屬虛誣，並無實據。」

天津士民深信不疑，以致上萬民眾群情激昂地不期而集？為什麼這一謠傳，竟能像導火線一樣激起憤怒的民眾焚燒教堂、殺死洋人及中國雇員數十人——造成這一震驚國際社會的大教案？曾國藩根據調查結果，給朝廷的報告中稱：「殺孩壞屍，採生配藥，野番凶殘之族尚不肯為，英法各國，乃著名大邦，豈肯為此殘忍之行？……今並未搜尋迷拐之確證，挖眼之實據，徒憑紛紛謠言，即思一打洩忿……擅殺多命，焚毀多處，此爾士民平日不明理之故也。我能殺，彼亦可以殺報；我能焚，彼也可以焚報。以忿召忿，以亂召亂，報復無已，則天津之人民、房屋皆屬可危。」儘管如此，大多數朝野士大夫為什麼對傳聞仍信以為真？內閣學士宋晉奏稱「仁慈堂有罈裝幼孩眼睛」。連慈禧太后也深信仁慈堂存有眼睛等物，她向曾國藩諭道：「百姓毀堂，得人眼人心，呈交崇厚，而崇厚不報，且將其消毀。」[221]

為什麼當官方調查結果已經公布，謠傳已得到澄清之後，人們在情緒上仍對這類謠傳還不肯拋棄，以致曾國藩在當時的正統派士大夫攻擊之下深感「外慚清議，內疚神明」而「引咎自責」[222]。

[221]　轉引自陳恭祿：《中國近代史》，商務印書館 1936 年版，第 295 頁。
[222]　〈曾紀澤日記·光緒四年八月二十八日〉，《曾紀澤遺集》，岳麓書社 1983 年版，第 334 頁。

曾國藩

　　而且，值得注意的是，這類謠傳，根據《東華錄》記載，在湖南、江西、揚州、天門、大名、廣平教案事件中，都曾發生過，並且都透過各地士大夫鄉紳的檄文、揭帖廣為流布。[223] 為什麼這類「挖眼剖心」的傳言在當時各地具有如此普遍性，尤其是，為什麼上述各地教案結案之後，此類謠傳的虛實總是不能「剖辦明白」[224]？

　　現代大眾傳播學的研究成果有助於我們解釋這個祕密。國外一些研究社會資訊傳播規律的學者發現，受傳者在可以獲得的大量資訊中，特別注意選擇那些與他的立場一致，同他的信仰吻合，並且支持他原有價值觀念的資訊。人們對社

[223] 《同治朝東華續錄》卷八六，第 46 頁。
[224] 《同治朝東華續錄》卷八六，第 46 頁。

會資訊的反應態度，受到其主觀的心理構成的制約。[225] 有的研究者還進一步提出受傳者心理上的三種選擇性因素：

1. **選擇性接受**：人們總是願意接受那些與自己固有觀念一致的或者自己需要的、關心的資訊，而且總是下意識地迴避那些與自己固有觀念相齟齬的、與自己情緒狀態相牴牾的資訊。

2. **選擇性理解**：對於同樣一個資訊，不同的人可能有不同的理解。這種理解為人們固有的態度和信念所制約。

3. **選擇性記憶**：人們容易記住自己願意記住的事，又容易忘記自己不喜歡的事情。[226]

上述理論對我們認識近代社會有關洋人的資訊傳播過程的特點是有啟示的。史料顯示，近代士大夫社會和民間社會對有關洋人的資訊，事實上確實存在著鮮明的選擇性吸收的社會心理現象。例如，郭嵩燾就曾指出：

常人聞西洋好處則大怒，一聞詬訶則喜，謂夷狄應耳，引此為喻，是將使天下之人，長此終古，一無省悟矣。[227]

憤怒地拒絕社會上有關「西洋好處」的資訊，而樂於聆

---

[225] [美]雷蒙德·鮑爾（Raymond Augustine Bauer）:《頑固的受傳者》，轉引自《傳播學簡介》，人民日報出版社 1983 年版，第 19 頁。

[226] [美]約·克拉帕:《大眾傳播的效果》，轉引自《傳播學簡介》，人民日報出版社 1983 年版，第 20 頁。

[227] 郭嵩燾:〈復姚彥嘉〉，《柔遠新書》卷四。

聽對洋人「詬訶」的資訊，這種社會心理現象，反映的正是
深受洋人壓迫和欺凌的中國國民心理定向反應。

郭嵩燾在其光緒三年的一段日記中，更確切地記述了在
京師不下萬人的士大夫對有關洋人資訊的選擇性接受與拒絕
現象：

> 吾每見士大夫，即傾（洋）情告之，而遂以是大招物議。
> 為語及洋情，不樂，詬毀之。然則士大夫所求知者，詬毀洋
> 人之詞，非求知洋情者也。京師士大夫不下萬人，人皆知詬
> 毀洋人，……但以詬毀洋人為快，一切不復求知。此洋禍所
> 以日深，士大夫之心思智慮，所以日趨浮囂，而終歸於無用
> 也。[228]

憤怒地拒絕接受有關「洋人好處」的社會資訊並喜於聆
聽對洋人「詬訶」的社會資訊，是一種在士大夫及一般國民
中極為普遍的社會心理現象。這表明，由於西方列強對中國
的侵略和壓迫，由於中西文化在近代衝突的尖銳性，自鴉片
戰爭以來，中國近代國民已逐漸形成一種對西洋文明、西方
列強及其在華的洋教士、洋商人、洋領事深感厭惡和憎恨的
心理定向反應（或稱為心理定勢）。這種心理定向反應，乃
是民族自衛意識、傳統文化本位意識及心理、挫折感與屈辱
感壓迫下所產生的心理防禦機制。另外，這是信仰與思維方

---

[228] 《郭嵩燾日記》第三卷，湖南人民出版社 1982 年版，第 11 頁。

式等諸多因素彼此結合而成的複雜構成物。它具有一種傾向性，即鮮明的對社會資訊的選擇性吸收和抗拒的傾向性。

這裡，值得我們進一步考慮的是，為什麼這種特定的社會心理定向反應具有對有關洋人的社會資訊的選擇性接受與拒絕的傾向性？因為一般正統士大夫與民眾由於在長期受西方列強與洋人侵凌欺壓，又由於中西文化衝突極其深刻而劇烈，被壓抑在內心的屈辱感、憎惡感有一種渴望強烈的抒發和宣洩的潛意識需求。這種潛意識要求，在現實生活中無法透過在戰場上打擊強大的敵人的方式實現；又由於不平等條約的規定，洋人享有治外法權，又使人們無法透過訴諸打官司的法律手段實現。在這種情況下，社會上種種有關洋人「禽獸」行為的謠傳就最能動人聽聞，激發人們群起聲討和攻擊洋人的社會心理，從而使人們內心的積憤和屈辱，有可能透過群眾的暴力反抗而獲得宣洩的管道。正是在這個意義上，宣洩和抒發被壓抑的積憤，以實現對侵害者打擊和反抗的潛意識願望，便構成了冤抑莫伸的民眾與士大夫對有關洋人資訊的非理性化的選擇性因素。

有關洋教士「挖眼剖心」、「削腹取胎」、「煉丹採生」的迷信謠言，從明朝末期算起，在利瑪竇入華傳教以後，就在正統士大夫中開始流傳，這種謠言的流傳史幾乎長達三百年。根據以上分析，我們就不難理解，為什麼越到近代，與

洋人交涉越多，謠言不但沒有作為誤會而被澄清，相反，隨著人們對洋人侵凌中國的民族仇恨的加深，此類謠言在士大夫和一般國民中也就相應地成正比地越傳越廣，到了義和團時期已經發展到登峰造極的地步。

同樣，我們也不難理解，武蘭珍的假供詞何以會具有如此神奇的魅力，使如此眾多的天津市民迅速地信以為真。他們多年以來一直從文人廣為傳布的反洋教的揭帖、告示、檄文中和道聽途說的社會消息中得知了洋人們如此這般的「禽獸之行」，如今武蘭珍的口供使他們認為洋鬼子們的此類獸行業已得到本地人的證實。由此，他們的怒火便像火山內的熔岩找到了突破口而爆發出來。

其次，我們也不難理解，曾國藩負責調查天津教案，其調查結果公布之後，為什麼竟會「津人毀之，湖南尤相與毀之，及詢以津事始末，無能知之者」。這種社會心理現象的普遍性強而有力地證明，民眾潛意識中迫切渴望抒發被壓抑的屈辱感，此種情緒已經強烈到使他們對調查結果根本不信，對洋人則表示同仇敵愾 —— 因為官方調查結論阻止了他們去宣洩自己長期受壓抑的積憤。

天津教案的發生表明民眾自發地反抗西方列強和洋人的侵凌、壓迫，與站在保守立場上的清流士大夫的衛道抗爭，有一種日益密切的交互激盪的發展趨向。

保守的士大夫從民眾反洋教的熱情中受到了巨大的鼓舞。他們把「民心可恃」看作是對自己的支持力量。當時的內閣中書李如松的奏言很具有代表性：

國計之安危，視乎民心之向背，……人心洶洶，不期而集者萬餘人。斯時民知衛官而不知畏夷，知效忠於國家而不自恤其罪戾，此正夷務一大轉機也。

當時天津士大夫也紛紛獻策，有人建議依靠天津市民的義憤，一鼓作氣，驅逐洋人[229]；有人建議聯俄、英、美各國，專攻法國，來「以夷制夷」。朝廷上，正統派更是一派慷慨激昂之言，有人主張立即向法國宣戰。各地士大夫也表現了同樣的非理性化的激憤情緒。

李如松還由此進而樂觀地認為：

縱不能乘此機會盡焚在京夷館，盡戮在京夷酋，亦必將激怒之法國，先與絕和，略予薄懲。[230]

與此同時，天津教案的發生，也為各國列強侵略中國提供了新的藉口。各國軍艦在保護在華外國公民人身安全的口實下，紛紛集於海口，以兵力相恫嚇。一位法國海軍提督揚言：「十數日內再無切實辦法，定將津郡化為焦土。」[231] 一位英國外交官也揚言：「天津教案，當時若將津郡地方全行

---

[229] 《國朝柔遠記》卷十六。
[230] 《籌辦夷務始末》卷十三，第 17 頁。
[231] 《曾文正公全集》卷三二，第 51 頁。

焚毀，可保後來無事。」當時局勢猶如箭在弦上，一觸即發。由於恰在當時歐洲普法戰爭爆發，一場類似八國聯軍入侵的危機才沒有發生。

天津教案事件，使洋務派在士大夫中顯得日益孤立，而爭先恐後放高談闊論的清議派人士卻自詡為疾風勁草，相互唱和。由於他們迎合了一般士大夫與民眾反抗洋人侵凌的社會心理，其勢力則大為上升。有人甚至把爭當「忠憤之名於天下」的清議派作為沽名釣譽的手段。[232] 不久後，洋務派首領恭親王受到更頑固、保守的弟弟醇親王進一步打擊而辭職。清議派們還趁機力請停辦一切模仿西方工業文明的新設施。後來，雖經李鴻章的努力，使原有的船廠、製造局得以保留，但關係自強運動更為根本的新設施，如開採鐵礦、修建鐵路等計畫，則一度停辦，連慈禧太后本人也鑑於反對派勢力之強大不敢繼續主持。

民眾中強烈的情緒化鬥爭趨勢在不斷地發展；清議派不切實際和不負責任的虛驕言論，其影響在社會上不斷擴大；他們以「焚燒使館、盡殺洋人」的方式來實現閉關自守的衛道目標 —— 此種政治願望在內心日益滋長。此外，洋務派在士大夫中的聲名狼藉，憤怒的清議派勢力甚囂塵上；最保守的士大夫國粹思潮與民眾自發反抗洋人侵略的鬥爭交相激盪；

---

[232]　唐才常:〈各國猜忌實情論證〉,《唐才常集》,中華書局1980年版,第127頁。

西方列強為進一步侵略中國而咄咄逼人地尋找藉口……凡此種種在一九〇〇年的庚子國變中得到充分發展和表現的消極因素，在三十年以前，即同治九年（西元一八七〇年）的天津教案中，已初見端倪。這些因素的存在和相互作用，強烈地預兆著，正統士大夫為了擺脫自己的困境而作出的策略選擇，將在未來遭到不祥的命運。

第五章　對洋務思潮的反動─憤怒的清議派的崛起

第六章
國粹主義的最後一戰
——幻覺中的勝利與現實的悲劇

使臣不除，必為後患。五臺僧普濟，有神兵十萬。請召之，會殲逆夷。

——〔清〕啟秀奏言

甲午戰爭以後，洋人對中國的壓迫和侵凌日益加深。苦難深重的下層民眾在義和團「神術」的召感下反抗西方侵略的鬥爭，與正統士大夫保守主義的衛道鬥爭，如何奇特地交織在一起並相互激盪？那些懷著最卑劣私慾的上層統治者，又如何欣喜若狂地崇信義和團的「神術」奇蹟，並煽起一股畸形的潮流 —— 促成了八國聯軍入侵的民族悲劇？

清末社會思潮發展過程撲朔迷離，最後一幕所具有的悲壯和迂腐，正義和保守，如此奇特地結合為一體，給現代和未來的中國人留下了一個不斷值得探討的嚴峻歷史課題。這個課題，內涵是如此豐富，以至多少年來，每一代中國人都可以從自己面臨的現實問題出發，從這一歷史課題中發掘出某些新的富於啟示的涵義。

在苦難與屈辱中激發的幻想

老百姓有充分的理由憎惡洋鬼子們：鴉片的輸入，教會的橫暴，教民的仗勢欺人，洋貨傾銷與鐵路修築使成千上萬依靠傳統手工業和運輸業為生的人們喪失了賴以生存的產業。在下層民眾看來，洋人築路把「龍脈」給挖斷了，洋人開礦把地下的寶氣給漏了，教堂禁止信教者祭祀祖先，把祖先的神祇給激怒了……久旱不雨之後，「殺了洋人頭，猛水往下流」的歌謠在民間廣泛地流傳著，寄託著人們憤怒、迷

信和復仇的心願。民眾曾經透過各種方式,從流血的教案事件到阻止開礦築路的群眾格鬥,來進行反抗。

自德國強占膠州灣之後,一年多時間內,單就山東一省而言,教案和路礦案等涉及外交的案件就達一千餘件。但是,每次反抗的結果,反而遭受到洋人更殘酷的鎮壓和報復。例如,德國修築膠濟鐵路,山東高密縣農民拔去路椿來表示抗議。德軍以保路為名,竟擊斃三十餘名中國平民。清朝地方官府還向德方賠償路椿價三千四百餘兩,而置中國被殺者根本不問。同年,俄國因租佃案激起東北民眾反對,俄軍就對手無寸鐵的鄉民開槍,死者達九十六人,傷者一百二十三人,其中有不少婦女兒童,事後竟以極少量撫卹金結案。面對西方列強的凶殘行徑,民眾痛苦憤怒萬分,而又無可奈何。

從社會心理學角度而言,當人們蒙受強烈的冤抑和屈辱之後,受屈者有沒有可能作出強烈的情緒抒發反應,是十分重要的。例如,對侵害者施以成功的報復,使之遭到巨大的創痛,又例如,官府對侵害者施以公平合理的法律懲罰等等。這一類調節手段可以排遣受害者屈辱感的情緒。內心的憎怒、挫折和屈辱的情緒體驗可以透過適當的宣洩表達,使人們重新恢復精神平衡。合理的、充分的情緒反應,能夠對被壓抑的消極性情緒體驗造成「傾瀉」的作用。然而,備受

洋人侵凌的中國民眾的抗議和反抗，在現實生活中，反而遭受到更深重的壓迫。人們既無法指望透過官府去公平審理和處罰洋人，又無法正面對抗洋人的槍炮。人們極端深重的痛苦由於缺乏情緒反應的疏導管道，而被迫壓抑到內心深處，為了擺脫內心強烈的焦躁感、屈辱感的痛苦煎熬，於是，在潛意識中就產生了一種被稱為「幻想作用」的心理防禦機制。也就是，人們在無可奈何之中，憑著自己的情感和希望，隨意地去想像克服困難的種種辦法，把自己從現實中超脫出去，在幻想中和幻覺狀態中擺脫焦躁不安，得到內心的暫時滿足。

最初，在山東，人們對興起的義和拳關於可以用唸咒降神的方法打敗洋鬼子的迷信，正是這種幻想作用的典型表現。義和拳一旦興起，便能如此迅速地發展到中原北方各地，並受到遭受洋人欺凌而又冤抑莫伸的廣大下層民眾和地方士紳的熱烈崇信，正是因為人們內心被長期壓抑的屈辱感和對洋人的憎惡感，可以透過這種幻想作用而得到變態的發洩和疏導。

這種關於義和團以「神術」向洋人復仇的傳聞是多方面的。人們深信，焚香唸咒，可以刀槍不入，可以使洋人槍炮不響 [233]，可以使教堂立即起火 [234]；練過義和拳的孩童，只需

---

[233] 劉孟揚：《天津拳匪變亂紀事》，《義和團》第二冊，第 7 頁。
[234] 劉孟揚：《天津拳匪變亂紀事》，《義和團》第二冊，第 7 頁。

用紅頭繩一根，就可以把高大的教堂奇蹟般地拉倒 [235]；練過
「紅燈照」法術的少女，一手搖扇一手揮動紅手帕，便可高升
於空中，可以從空中擲火，焚燒洋人居室 [236]，可以從空中盜
去洋人大砲中的螺絲釘，還可以從高空中保護義和團，去與
洋人打仗 [237]。人們還盛傳，已有數十位「紅燈照」女將，分
赴西洋各國，去焚燒該國洋人房舍。外洋十八國，其中十六
國已被其所滅。社會上還紛紛傳言，義和團老師只需用法術
點化，洋鬼子們就會像中了邪一樣立即自相殘殺 [238]。據說，
有人還曾親見義和團首領曹老師（曹福田）在洋人樓下，從
腰中掏出青錢一把，向上一擲，洋鬼子的頭顱便紛紛從洋樓
上墜下 [239]。

　　到一九〇〇年四五月間，這種幻想心理發展到一個更高的
層次。天津市民已普遍傳說，玉皇大帝已經敕命關公為先鋒，
二郎神為合後，增財神督糧，趙子龍、馬孟起、黃漢升、尉遲
敬德、秦叔寶、楊繼業、常遇春、胡大海等人皆受命下凡前
來會師。這種謠言，越傳越廣，傳者樂於傳，聽者喜形於色，
彼此深信不疑。[240] 義和團後來發展到天津、北京等大都市以
後，還在街上到處設立壇場。壇上豎立大旗，旗上大書「天兵

[235]　劉孟揚：《天津拳匪變亂紀事》，《義和團》第二冊，第 8 頁。
[236]　《庚子國變記》，神州國光社 1936 年版，第 23 頁。
[237]　《義和團》第二冊，第 9 頁。
[238]　《義和團》第二冊，第 9 頁。
[239]　《義和團》第二冊，第 24 頁。
[240]　《庚子國變記》，神州國光社 1936 年版，第 24 頁。

天將，扶清滅洋」。香煙蔽城，黑霧繚繞，形成了一種神祕的氣氛[241]，提供了誘發社會群體性的幻想心理所必需的種種環境暗示條件。據史料記載，天津居民對於義和團滅洋的「神術」，「官無論大小，民無論男婦，大概信者十之八，不信者十之二」[242]。由此可見，這種社會心理的普遍性。

如果我們把上述在京津一帶民眾中廣為流傳的關於義民神術的傳聞加以比較和分析，就不難發現，這類說法儘管形形色色，但都具有一個共同的特點，即它們都是人們在現實中長期被壓抑的反映 —— 向洋鬼子報仇未遂的曲折反映。因為洋炮洋槍絕非土銃槍、大刀、紅纓槍等現實生活中的民間武器所能對付，所以才會有運用「咒語」、「神術」這類非現實的手段 —— 幻想取勝；因為洋槍洋炮一經發射，被射者就會應聲而倒，所以才會有刀槍不入的幻想；因為洋教士欺人太甚，而官府又不敢得罪他們，所以才會有孩童用紅頭繩拽倒洋教堂的幻想。人們正是利用這種超越現實的形式，在想像中去戰勝那些用洋槍洋炮武裝起來的洋人，並以此來抒發、宣洩對洋鬼子侵凌中國的深仇大恨。

只要人們相信了這些幻想中的描繪是真實的，內心的屈辱和冤抑便會頓時有一種痛快的、暫時的自我解脫。加之，

---

[241]《庚子國變記》，神州國光社 1936 年版，第 4 頁。
[242]《義和團》第二冊，第 7 頁。

民間社會歷來就廣泛存在著「九天玄女」、「太白金星」、「焚香佩符，唸咒降神」的迷信傳統。平時人們半信半疑，在冤抑莫伸的無可奈何之中，出於潛意識地擺脫內心焦躁感的需要，精神上的幻想作用便很容易從這些迷信心理中直接地誘發起來。白蓮教、八卦教的民間宗教形式，與《封神演義》、《西遊記》、《平妖傳》中那些角色的神通法力，則可以提供實現幻想所需要的各種表現素材。事實上，千百年來，深受壓迫的平民，逢上自然災害則處於絕望中的貧苦農民，在聚眾起義前，往往都有這一類幻想心理，以此為觸發劑。如今，逢上自然災害而又深受洋人侵凌和踐踏的民眾，再次出現傳統幻想心理的活化是很自然的。

這種群體性的社會幻想心理，在義和團運動興起之後的很短時期內，便席捲了廣大的農民和下層平民，它如此普遍地滲透於城鄉各階層中。

但是，義和團「刀槍不入」、「唸咒殲亂」的謠傳和預言，總有被證實為虛假的時候。為什麼義和團「神術」的謠傳並沒有在社會上引起廣泛的懷疑？相反，卻能越傳越神，獲得了越來越多的崇信者，以至於後來達到「都人崇拜極度」[243] 的地步。

因為人們聽信這樣的謠傳，主要是為了滿足心理上被壓

---

[243]《庚子國變記》，神州國光社 1936 年版，第 4 頁。

抑的反抗和復仇未遂的願望。這種潛意識中的非理性因素，在那特定的歷史時期，強而有力地代替了人們的理智，支配了人們對資訊真偽的判斷和選擇。先前我們曾引證大眾傳播學理論中關於人們對社會資訊的吸收和接受是受人們自身心理構成的影響的理論。大眾傳播學還告訴我們，人們內心選擇性接受的因素，使受傳播者下意識地拒絕那些危及自己固有觀念的傳播內容。選擇性理解的因素，會促使受傳播者下意識地曲解那些自己迴避不了的傳播內容。而選擇性記憶的因素，則會幫助受傳播者盡快地忘記那些自己討厭和反感的傳播內容。受傳播者的親友也會千方百計地阻止他悖離固有的觀念，而受傳播者本人也樂於與持相同立場觀點的人交換意見。[244] 正因為如此，當義和團運動處於高潮的時期，人們潛意識地渴望透過幻想方式來宣洩內心積憤的願望，它是如此強烈。這些心理選擇因素，產生巨大的作用。

　　例如，光緒二十六年（西元一九〇〇年）五月十九日夜，義和團與洋人軍隊在天津城外展開戰鬥。義和團有數人負傷而被送回。義和團首領則把這一負傷事實解釋為：雙方交戰時，有逃難妓女在旁，從而使義和團「刀槍不入」的法術被衝破而失效。[245] 既然人們對「刀槍不入」的「神術」

---

[244] ［美］彼德·桑德曼，戴維魯賓，戴維·薩奇曼：《媒介：美國大眾傳播解析》，紐澤西 1976 年版，第 3 頁。轉引自《傳播學簡介》，第 22 － 27 頁。
[245] 《義和團》第二冊，第 14 頁。

是如此偏愛和迷戀，這種一廂情願的、幼稚可笑的解釋足以滿足人們偏愛這種「幻想神術」的內心要求。這種「希望原則」一旦支配了人們的判斷，義和團的「神術」，就不再有被證偽的可能了。又例如，當時天津一場大水擋住了洋人軍隊的去路。民間則紛紛傳言，「此天意也，無端來此大水，截斷洋人來路。若非神仙保護，何能如此？」[246] 又例如，在義和團與洋人軍隊交戰的過程中，「無論洋炮開放幾次，但一有止住不放時，即謂為義和團老師閉住」[247]，如有人問：為什麼義和團老師不在對方尚未放炮之前，就施以法術，使其不響，何必等洋人大砲使民房焚毀、百姓死傷之後，才施以法術，使之不響？民眾將會憤然指斥這是「直眼人」（即奉教者）的謬論。[248] 在民眾崇信「神術」的氣氛下，這種帶懷疑心的推論和反詰將為人們的感情不容，並有遭到殺身滅家的危險。[249] 因此，社會上也很少聽到與崇信「神術奇蹟」相反的輿論意見。至於一旦義和團在戰鬥中失利，由義和團首領劉十九所作出的下述特設性解釋，就完全可以使人們恢復對「神術」的信心：「義和團本是神兵神將，滅洋人本不難。今所以不能掃平者，實因多有不信之人，得罪於眾神仙。故

---

[246] 《義和團》第二冊，第 27 頁。
[247] 《義和團》第二冊，第 31 頁。
[248] 《義和團》第二冊，第 31 頁。
[249] 《庚子國變記》，神州國光社 1936 年版，第 4 頁。

法術往往不靈。且時候尚未到，刻下與洋人合仗，實是謬天而行，待時候一到，洋人自然絕滅。」[250]

「天神下凡」鼓舞著憤怒的勇士們

　　幻想是一種心理防禦活動，這種心理活動透過什麼機制激發了人們反抗和復仇的熱情，並以什麼方式使人們彼此結合而形成一股與洋人戰鬥的反抗力量呢？另外，一種群體性心理機制是如何促發了群體性的戰鬥行動呢？

　　首先，人們在幻想活動中產生的若干非現實的觀念，分別與現實的觀念割斷了聯想的結合。具體地說「刀槍不入」、「紅繩拽樓」、「空中擲火」、「天神下凡」之類的觀念與人們衣食住行、日常生活的常識之間，不再發生邏輯上的連繫，並且不再受現實的經驗、常識和形式邏輯推理的檢驗和證偽。換言之，在幻想作用的機制下，誘發的種種與打擊洋人有關的觀念，與現實生活中的其他觀念可以同時被人們接受，但是，前者與後者彼此之間已經割斷了聯想的結合，從而分別處於兩個不同的層次。

　　其次，這些透過幻想活動而誘發出來的處於同一層次的非現實的觀念，彼此之間，由於共同具有心理防禦的功能和排遣積憤、鼓舞鬥爭士氣的精神作用，因而能夠彼此合乎

[250]《義和團》第二冊，第32頁。

「邏輯」，橫向地連起來。當人們迫於心理上強烈抒發積憤的要求，而「召喚」傳說中和宗教迷信中的英雄來引導自己去反抗難以對付的仇敵的時候，孫悟空、趙子龍、二郎神、濟公、托塔天王、姜子牙、諸葛亮、玉皇大帝、張天師、黃天霸、驪山老母，這些原來處於不同神話、傳奇小說、戲曲、歷史故事中的英雄和天神，就會「奇蹟般地」在人們的思維中同時復活，降臨在民眾反抗洋人的巨流之中。「各路神仙」彼此之間前呼後應，在引導苦難人民驅逐可惡洋人的事業中連成一片。同時，那些原先只存在於各不相干的傳說和神怪小說中的神器，例如雷火扇、陰陽瓶、如意鉤、九連環、火輪車、越王劍，如門板一般高的關公大刀和玉泉山的洪水，也會奇蹟般地在人們的觀念中連成一片，成為義和團勇士們想像中的對付洋槍洋炮克敵致勝的利器。

　　一方面，片段的、非現實的觀念分別與現實事物割斷了邏輯上的連繫，而昇華到一個與現實無關的層次，並在那個層次中栩栩如生。另一方面，由於這些觀念適應了人們宣洩內心屈辱感和憤怒感的功能，而又彼此都可以邏輯地、橫向地聯合為一片，潛意識的強烈力量，使人們在理性層次上不能發現這些非現實觀念的同時存在乃是自相矛盾的、反邏輯性的。

　　這種橫向彼此連結的幻想觀念群構成了一組具有高度組織性的特殊意識狀態。如果我們把與現實直接發生關係並接

受現實理智檢驗的日常意識狀態稱為第一意識狀態的話，我們可以借用一個病態心理學的術語，把這種特殊意識狀態稱為第二意識狀態，或類催眠狀態。當這種社會群體性的第二意識狀態不斷強化與活化達到一定程度時，便可以取代正常的第一意識狀態，在某些有關的領域內，例如，就義和團運動而言，在反抗洋人侵略這一領域內，就取得了對人們行動和思維活動的支配控制權。換言之，當這種反常的類催眠狀態足夠有力和足夠活躍時，它就有可能直接控制人們的思維中樞，人們在某些特定範圍內的行為就不再受形式邏輯和常態行為規範所構成的日常意識狀態控制，而是靠這種類催眠狀態控制了。

這種類催眠狀態，是長期極度的痛苦、屈辱，受到長期極度的壓抑，反過來又透過宗教、迷信和心理幻想作用的複雜機制而激發出來。它可以使人們奇蹟般地煥發出在日常意識狀態中所不可能煥發出的力量、勇氣和犧牲精神。如果說，半個世紀以來，苦難深重的百姓面對洋人的壓迫不得不忍氣吞聲，是由於日常的經驗和意識告訴他們：洋人「槍炮所向，應聲即倒」，從而使他們有所警懼而又不得不把正義的仇恨默默地壓抑在心裡，那麼，此時此刻，取代了日常經驗和意識狀態的類催眠意識狀態，卻「告訴」他們：中國自古以來的一切神靈和歷史上的英雄，從玉皇大帝、孔聖人到

五臺山上的十萬神兵，都為保護自己子孫的生存、為驅逐惡貫滿盈的洋鬼子而下凡來了！我們這等備受欺凌的苦命人，將在孫悟空、張飛等神仙和古代英豪的帶領下，將在能從空中擲火的「紅燈照」仙姑們的保護下，向洋鬼子報仇雪恨了！昔日我們被洋炮洋槍威脅得心悸不安，如今，義和團大師兄們的咒語將保障我們的身體刀槍不入。這是何等快意的事！

義和團的怒潮，就這樣，在山東、直隸、東北、山西、河南、天津、北京，以及全國其他一些地區如火如荼地展開了。

在現代人看來，也許他們的抗爭方式帶著幾分愚昧、幾分荒謬和幾分原始。但是，對於起義民族在人民戰爭中所採取的手段，不應當根據公認的正規作戰方法或者任何別的抽象標準來衡量，而應當根據這個起義民族所已達到的文明程度來衡量。[251] 義和團的勇士們，在那特殊的歷史條件下，以他們特殊的方法，抗擊妄圖瓜分國家的敵人。這些正義而愚昧的人們，在「文明」的野蠻侵略者的槍口下紛紛倒下去時，他們用自己的生命履行了自己保衛社稷和家園的責任。他們作為舊文化的犧牲者，卻用自己的鮮血，澆灌了將在未來綻開的新文化的花種。

---

[251] 恩格斯：〈波斯與中國〉，《馬克思恩格斯選集》第二卷，第 132 頁。

　　一個受過教育的現代人沒有任何權利去嘲笑、指斥那些人們 —— 那些世代被剝奪了受教育權的人們在為捍衛自己的民族尊嚴時所採取的抗爭。另一方面，我們也沒有任何權利去逃避一種沉重而又神聖的歷史責任 —— 懷著科學的態度去反思，究竟是什麼文化背景和社會根源，導致了他們愛國行動蒙昧？任何省力而膚淺的對義和團牧歌式的讚美和同樣省力而又淺薄的對義和團的斥責，都將是放棄了歷史賦予我們的責任。

國粹派士大夫「頗冀神怪」的社會心理

　　當我們對義和團思潮產生的社會背景與社會心理根源作了上述簡略的考察之後，現在，我們應該回到本書的主題線索上來了。當義和團的燎原之火在中原和北方大地上蔓延開來的時候，那些正統的國粹派士大夫們，包括社會上的鄉紳、官僚、清議派人士，面對這股燎原之火是怎樣作出反應的？

　　在義和團崛起以前，正統士大夫官紳們面對洋人的侵凌和中國被瓜分的危險，實在是一籌莫展。他們的悲憤、屈辱和挫折感也同樣不得不壓抑在內心深處。這個歷來自視為世界上唯一「王化之地」的民族，其中「最文明而高貴的」階層，自鴉片戰爭以來的半個世紀，留下的只是一連串喪權辱國、賠款割地的歷史紀錄。中國幾乎是無約不損，無戰不

敗，在洋人砲艦威逼下被迫實行的對外開放和互市通航，使他們在感情上和理智上都視為一種上無以對祖先、下無以對後代的恥辱和內疚。半個世紀來，他們幾乎經歷了三代人，但對世界開放大局的不可逆轉性──這一點認知上，幾乎沒有什麼長進。這也是中國儒家文化在近代頗為值得人們注意的奇蹟。他們以「下令逐客」為最快意之事，以「閉關絕市」為太平理想。然而，中國國力之貧弱和內政外交的屢屢失敗，也使他們在理智上深知實現上述太平理想是無能為力的。他們在洋務運動興起時，也曾抱著鄙夷的冷眼旁觀態度。除少數倭仁那樣的極端派，對於相當一部分士大夫來說，「師夷之長以制夷」的新方法也不妨由他人去試一試，何況歷史上的「胡服騎射」也是有案可稽的。然而，洋務運動中暴露出來的驚人腐敗和洋務派慘淡經營的南北洋艦隊在中法、中日甲午戰爭中毀於一旦，使他們在憤怒之餘產生了一種對洋務運動更保守的反動心理。聖學本位主義原則和「人心為本」的理學精神，被他們進一步加以強調。其結果，正如上一章所指出的，對自強運動的反省和批判，反而導致了一種更偏激的、更慷慨激昂的國粹主義回潮。在那些迂腐的清議派中，相當一部分人都抱有這種偏激的國粹主義精神。如果說，對洋務思潮的更保守清算，使他們作繭自縛地堵塞了本來就不十分強烈的對外部世界的好奇心理，如果說，連

洋務派那種膚淺意義上的「中學為體，西學為用」，都被他們視為「沉溺夷俗」（褚成博攻擊李鴻章用語）而不加容忍，那麼，從理智上合理地認識西方文化，制定應付西方挑戰的合理策略，此唯一渺茫的希望也就自我放棄了。

西元一八九四年九月十七日，甲午海戰爆發。號稱亞洲第一，清政府花費數千萬兩白銀打造的北洋水師在與日本聯合艦隊的一系列激烈交戰後，毀於一旦。

在這種思想背景下，西方的侵凌不斷地加深，他們的挫折感和屈辱感，由於自己嚴重的無能為力也相應地日益加強。正如我們在前一章裡已分析過的，理性認知與現實反抗的辦法都無法使他們宣洩這種內心的焦躁不安和屈辱感，這就使他們面臨著與下層城市平民和農民在遭受洋鬼子欺壓侵凌之後相似的心理困境。所不同的是，這些自尊心很強、自視甚高、愛面子而又知書達禮的社會菁英人物，較之手足胼

胝、樸質的鄉下農民和城市貧民，在疏導內心精神痛苦方面，似乎更多了若干本事。例如，前一章裡我們分析過的文飾作用、曲解作用，以及其他一些心理防禦手段，如補償作用、潛抑作用等等。但是這種種自我安慰的心理技巧，在甲午戰敗和《馬關條約》簽訂這種巨大的慘痛打擊面前，幾乎肯定會失效。「紅腫之處，豔若桃花，潰爛之時，美如乳酪。」[252] 這種精神勝利法，僅僅限於在「紅腫」與「潰爛」之處，在不足以危及生命安全時，方才有效。當一個民族的生死存亡已經成為迫切問題時，當整片國土已成為任人宰割的俎上之肉時，吳可讀的「禽獸不配行三九之禮」的高論，李元度的「百年內外，盡地球九萬里，皆當一道同風，盡遵聖教」的泛教化論，自然已無法產生心理防禦的效果。極度的屈辱與挫折感以及憤怒感、焦灼感像皮球中鼓足的氣積壓在他們的心頭且無法宣洩，在這種精神狀態下，一般國粹派士大夫的潛意識中，也日益發展出一種透過幻想機制來擺脫內心精神負擔的內在趨勢。光緒二十六年（一九〇〇年）六月，《中外日報》的一篇時論，曾對正統士大夫在義和團運動前夕的一般社會心理，有一段十分精闢的分析：

（其時）通國臣民上下，以復仇為雪恥，以積憤思報怨……然不究己之所以弱，而惡人之強。不求人之所以勝，而

---

[252] 魯迅語，見《熱風·隨感錄三十九》。

諱己之敗。……舉世浮囂，重以誣罔；力有未逮，則務為大言以快之；憤無所洩，則多作醜辭以詆之。又親見爭戰之事，利鈍立見。恥相師法，則頗冀神怪。積非為是，一倡百和，而所謂清議者，實起於斯時矣。其勢一成，莫之能改。同是謂之君子，反是謂之小人，惡直醜正者，以為公評，矯情動眾者，坐致時譽，雖以疆吏達識，輔臣運謨，無益補救。[253]

　　義和團興起以前，相當一大批正統士大夫，尤其是那些以清流自詡的士大夫，正處在這種特殊的、不平衡的心態中。他們「惡人之強」，「諱己之敗」，「力有未逮，則務為大言」，「憤無所洩，則多作醜辭」。唐才常在西元一八九七年《湘報》上曾把當時正統士大夫的心態生動地描繪為「一言外交，則攘臂詬罵，涕唾交頤」[254]，這種精神狀態正是人們處於極度焦灼感之中的畸形衝動心理。「頗冀神怪」的變態幻想心理傾向，實際上也就成為他們擺脫焦灼感和突破心理困境的唯一出路，儘管這一切都是在人們的理智所不曾意識到的潛意識層次進行的。

　　恰恰在正統士大夫們「頗冀神怪」的心理傾向日益強烈的時候，義和團以「神術」驅逐洋人的社會傳聞源源傳來，這種透過不同管道傳來的資訊恰恰應順了廣大正統士大夫以

---

[253]　〈論近日致禍之由〉，《中外日報》（1900 年 6 月 9 日），載《義和團》第四冊，第 182 頁。

[254]　唐才常：〈各國猜忌實情論證〉，《唐才常集》，中華書局 1980 年版，第 120 頁。

最希冀的方式排遣內心受壓抑的屈辱感與挫折感的潛意識願望。士大夫們又驚又喜地聆聽著種種關於義和團「神術殲敵」的最新傳聞，並對此類消息按自己的願望加以進一步的渲染和加工，然後又以同樣痛快的心情，形諸揭帖、告示、詩歌等文字形式，廣為傳播，此舉在社會上又進一步煽起了對義和團「咒語」和「神術」的迷信。既然每個人都希冀這些資訊是真實可靠的，社會上上至名卿士大夫，下至引車賣漿者流，又都一致津津樂道地傳頌每天不斷發生的來自前方的「奇蹟」——眾多「奇蹟」足以使每個人進一步相信它們絕不是假的。當時，相反的看法絕不可能在那種特定的社會狀況下（輿論一律的狀況）有插足之地。懷疑「神術」者將成為憤怒的人們千夫所指的對象。很少有人勇於在大庭廣眾間，冒著被指控為「二毛子」、「直眼人」（即奉教者）和「奸細」的風險，去辯明「神術」之不合常理。那將是愚蠢的，也似乎是無益的。在一九〇〇年五月到八月的日子裡，除少數明理達識者憂心忡忡地在自己家的門縫裡望著街頭呼嘯而過的狂熱人潮而無能為力外，一般士大夫和民眾都多少有點如痴如狂，沉浸在半個世紀以來從來沒有享受到的快感和喜悅之中，沉浸在對未來勝利的「預感」之中。

在權力之塔的頂端：
滿朝心醉的人們

　　這裡，我們還要看一看，在森嚴的宮牆內，那些執掌大清帝國命運的最高統治集團對義和團「神術」所抱的態度。

　　早在義和團運動崛起以前，由於百日維新的失敗，守舊派已完全牢固地掌握了政權。環繞在慈禧太后身邊的主要政治人物，大多數恰恰又是在鎮壓維新派的政變中扶搖上升的保守派滿洲權貴與士大夫官員。其中，有每見洋人就會以扇掩面的徐桐[255]；有把學堂視為培養漢奸之地的剛毅；有在一生中從沒讀過報紙的崇綺；有與同鄉相約，保證本省永無開礦之事的趙舒翹；有見洋操洋服則故作驚視之狀的李秉衡。這些人物就其文化上的保守性和排外性而言，已被當時南方某報刊稱為「極中國之選」。如今他們在戊戌政變之後，濟濟一堂、襄贊密切。其中，除少數人稍有常識外，大多數稱得上出奇的昏庸。

---

[255]　這一「以扇掩面」的細節，實際上也是一種心理防禦機制 —— 壓抑作用的表現：人們力圖從意識感覺中迴避引起心理反感的事物，下意識地不承認它們的存在，或將其排除於意識之外，以便減輕暫時的焦躁並保持心境的暫時安寧。壓抑作用並不能使焦慮感完全消失，而是使之變成了潛意識。

慈禧扮觀音。如此裝扮的晚清統治者，一度相信大師兄們的法力。

在他們冥頑不靈的頭腦中，本來就塞滿了遠比常人頭腦中更多的迷信。[256] 他們本來就盼望著種種對他們有利的「奇蹟出現」。如今一旦這些權貴們聽說義和團能「呼風喚雨」、「撒豆成兵」，具有扶清滅洋的「神術」，他們認知結構中的迷信成分與潛意識中對奇蹟的渴望，便立刻使他們欣喜若

[256] 從後來的歷史看，偽滿洲國中不少清朝遺老和達官貴人對扶乩、占卜、星相等迷信的篤信，一直保持到成了蘇軍俘虜之後，此便是一個證明（參見溥儀：《我的前半生》）。所以，中國近代士大夫官僚迷信程度之深，也往往出乎我們的想像。又例如，在第二次鴉片戰爭中，兩廣總督葉銘琛就是以求神問卜來制定其作戰方案的。

狂。在他們淺薄迂腐的觀念中，洋人不過是六七個公使，數十商人，數百教士。所謂東洋、西洋各國，也不過是區區數島。「民心可恃」一直是他們從「人心為本，技藝為末」的聖人之道中得到的鼓舞。在他們看來，只需一鼓作氣，聚民眾而殲之，歐美「島夷」的足跡，將永遠不再出現於中國大地，他們的權勢也可以不再受到可憎洋人的威脅。中國又可以從此恢復「大一統」的舊觀，實現閉關獨立的夙願。

處於這個權力中樞的相當一部分人物對「洋鬼子」切齒痛恨，還包含著最卑劣、最自私的權力慾受到威脅而產生的對洋人的憎惡心理。例如，深得慈禧太后歡心的端郡王載漪，其兒子溥儁已被太后立為「大阿哥」（皇儲）。慈禧太后原想廢光緒而立溥儁為帝。如果不是外國公使紛紛阻攔，從而使這一廢立計畫流產，載漪早就成為皇父了。向洋人報復自然是這位端郡王朝思暮想的銘骨心願。這位端王除了昏聵無知之外，更喜歡魯莽行動。於是，一個像蛆蟲一樣的歷史醜角，卻因為他處在一個等級森嚴的權力結構的金字塔頂端，這種特殊地位令載漪煽動和導演了庚子國變的大悲劇。這是民族的大悲劇，也是這個權力結構金字塔的大悲劇！

出於對義和團「神術」如痴如狂的崇信，載漪向太后進言：「夷兵所恃者火器，神拳復能制之，此天讚我也。」[257] 他

---

[257] 《義和團》第二冊，第 483 頁。

還與剛毅聯銜上疏：「義民可恃，其術甚神，雪恥強中國，在此一舉。」[258] 他還提出了一套殲滅洋人的絕妙方案：立即派兵圍攻各國使館，將使館洋人全部殲而滅之，天下自然太平。[259] 在他看來，即使洋人思圖在以後報復，但大清有天神保佑，也毫不足畏。他還和剛毅、趙舒翹歡欣鼓舞地把義和團請進了北京，讓義和團大師兄入宮在太后面前表演「法術」。

義和團拳民

實際上，慈禧太后本人對洋人的態度有一個長達二十年的緩慢變化過程。早在光緒四年（西元一八七八年），當她召見即將赴英倫的中國公使曾紀澤的時候，雙方有過一段廷對。當時，曾紀澤奏言：「辦洋務的難處，在外國人不講理，中國人不明時勢。中國臣民常恨洋人不消說了，但須徐

---

[258] 《庚子國變記》，神州國光社 1936 年版，第 6 頁。
[259] 《庚子國變記》，神州國光社 1936 年版，第 5 頁。

圖自強，乃能為濟，斷非毀一教堂，殺一樣人，便算報仇雪恥。現在中國人多不明此理。」這位當時四十五歲的太后回答是：「可不是麼？我們此仇何能一日忘記，但是要慢慢自強起來。你方才的話說得很明白，斷非殺一人燒一屋就算報了仇的。」[260] 然而這些年來，中法、甲午兩戰的一敗塗地，使她對洋務派的自強運動已不再抱什麼希望。受洋人支持的「百日維新」，被其粉碎之後，康、梁出逃日本，她要求日方引渡而不可得，欲廢光緒又受洋人阻撓。她的權勢與捍衛這種權勢的慾望始終受到洋人的挑戰。所有的舊仇新恨，使她渴望對所有洋人報復，一種在無可奈何中非理性的、孤注一擲的失常心理在她心中不斷地滋長起來。所以，大師兄們在她面前的表演，也就使她對義和團「神術」充滿信心。[261]

一九〇〇年六月，八國聯軍登陸天津大沽口。

[260] 〈曾紀澤日記·光緒四年七月二十八日〉，載《曾紀澤遺集》，岳麓書社 1983 年版，第 334 頁。
[261] 《庚子國變記》，神州國光社 1936 年版，第 41 頁。

在周圍簇擁的人們的反覆慫恿下，六十七歲的慈禧太后在對待義和團的問題上再也不為「剿撫兩難」而猶豫不決了。她堅定地「改剿為撫」。據稱，載漪為了促使太后向所有洋夷「宣戰」，又故意捏造西方列強要求太后退位的最後通牒，以此激怒太后。一九○○年六月二十日凌晨五時，太后正式下詔向各國宣戰。九時，德國公使克林德男爵（Clemens August Freiherr von Ketteler）前往總理衙門磋商離京事宜，途中被一位八旗兵開槍擊斃。射擊者稱是奉端王載漪之命：「凡遇外人殺之，可以求償。」下午四時，根據聖旨，中國軍隊向各國駐京使館開火。

庚子國變：千古未有的奇聞

一九○○年春夏之際，中國數千年歷史上從來沒有過的一件奇事出現了：最底層的、苦難深重的被統治者與最昏庸、卑劣、頑固的上層權貴，以及視維護道統為神聖使命的、憂國憂民的國粹派士大夫們，在崇信「神術」可以驅除洋人這一點上，竟然達到了一致性認識。一個史無前例的、古怪的「政治大聯盟」出現了。

關於義和團運用「神術」殲滅洋人的軍事捷報、奏摺如雪片般向朝廷飛來，皇太后發出的聖旨又進一步煽動了民眾崇信「神術」的社會心理。原先曾激發義和團勇士們奮然殺

敵的那種類催眠狀態意識，似乎也出現在相當一部分正統士大夫和官僚們的身上。讓我們看看他們在這一期間令人嘆為觀止的言論吧。

御史徐道焜鄭重奏稱：「洪鈞老祖已命五龍守大沽，夷船當盡沒。」[262] 另一位御史陳嘉也上奏，自稱得「關壯繆帛書」，該帛書預言「夷當自滅」[263]。一位叫蕭榮爵的翰林編修上言：「夷狄無君父二千餘年，天將假手義民盡滅之，機不可失。」[264] 吏部尚書啟秀上奏，堅決請求太后殺盡各國公使，他認為「使臣不除，必為後患」，並報告朝廷五臺山和尚普濟有神兵十萬，建議朝廷立即召見普濟以「會殲逆夷」[265]。甚至連學識淵博的大學士徐桐，也獻策請慈禧太后焚香跪請驪山老母下凡，以盡滅洋人。

當時，士大夫對義和團「神術」的崇奉是如此普遍，足以使現代中國人驚訝。據史料記載，「上書言神怪者以百數」[266]。從王公貴族的府邸到京城的各官署，都延請義和團為其設壇焚香，以求得義和團「神術」保佑。有些士大夫官僚即使不是出於崇信，而是為了個人身家安全或討好端王

---

[262]《庚子國變記》，神州國光社 1936 年版，第 7 頁。
[263]《庚子國變記》，神州國光社 1936 年版，第 7 頁。
[264]《庚子國變記》，神州國光社 1936 年版，第 7 頁。
[265]《庚子國變記》，神州國光社 1936 年版，第 9 頁。
[266]《庚子國變記》，神州國光社 1936 年版，第 8 頁。

載漪，也紛紛在自己家宅內設壇，朝夕焚香禮拜 [267]，以致當時「朝貴崇奉者，十之七八」[268]。這一史料記載表明，上層權貴對於義和團「神術」絕不僅僅是出於陰謀策略上的「利用」，而是在相當大的程度上出於非理性層次上的、受潛意識支配的道地迷信。

在一九〇〇年五月至八月的日子裡，作為士林領袖的大學士徐桐，處於極度興奮之中。當他得知義民們把學堂、譯署、鐵路、電線杆均視為「洋人所藉以禍中國」的害人之物而加以焚毀破壞，凡家藏洋書、洋圖者，戴洋眼鏡者皆被當作「二毛子」、「漢奸」予以捕殺和嚴懲的時候 [269]，當他得知那些讀洋書的學生及穿瘦小緊身衣服的人都嚇得不敢在街上行走，而洋油、洋車、洋鐘、洋眼鏡等舉凡牽涉洋字者，竟然在義民們的攻擊下成為社會禁忌的時候 [270]，凡此種種「振奮人心的消息」，使這位大學士深信：「中國自此強矣！」這位每天吟誦《太上感應篇》、惡新學如仇的理學家、倭仁大學士的高足弟子，頓時發現義民是聖人之道的忠勇捍衛者，因而他立刻就成了民眾運動最積極的支持者。他向義和團大師兄贈送了如下對聯，以明心跡：

---

[267] 《庚子國變記》，神州國光社 1936 年版，第 8 頁。
[268] 《庚子國變記》，神州國光社 1936 年版，第 4 頁。
[269] 《庚子國變記》，神州國光社 1936 年版，第 4 頁。
[270] 《義和團》第二冊，第 10 頁。

　　創千古未有奇聞，非左非邪，攻異端而正人心，忠孝節廉，只此精誠未泯；

　　為斯世少留佳話，一驚一喜，仗神威以寒夷膽，農工商賈，於今怨憤能消。[271]

　　文化上的衛道虔誠，對西洋文化的憎惡，對義和團「奇蹟」的神往，對洋人侵凌的仇恨，對民眾反抗帝國主義精神的附會性理解，以及「於今怨憤能消」的心滿意足之感 ——一九○○年中國近代正統士大夫典型的信念、思想、感情，幾乎在這一對聯中無一遺漏地表現了出來。

　　實際上，幾乎士大夫中的大多數人，在當時都抱有與徐桐同樣的關於「神術足以救國」的必勝信念。以下史料可以為證：

　　（義和團）以扶清滅洋為名，朝野上下，多深信之，喜相告曰：掃平洋人，扶持中國，在此一舉。而今而後，海內掃平，昇平有日矣！[272]

　　下層民眾、國粹派士大夫、上層權貴，處於三個不同社會層次的三股潮流，奇妙而又悲劇性地混合為一體了。腦滿腸肥、衣錦戴繡的達官貴人與衣衫襤褸、面黃肌瘦的「下等人」，居然在以降神的咒語可以驅除洋人這一信念上達到了心理上的彼此相容性。這正是徐桐所說的「創千古未有奇

---

[271]《庚子國變記》，神州國光社 1936 年版，第 37 頁。
[272]《義和團》第二冊，第 5 頁。

聞」！然而，對於一個具有五千年發展史的文明古國，這又是一個多麼可悲、多麼可怕、多麼痛心的奇聞！

民眾從權貴們那裡第一次獲得了向洋人造反的合法權利。在朝和在野的正統派士大夫們，從義民們向洋鬼子衝殺的悲壯吶喊中，獲得了對聖教「天理人心」生命力的鐵證。皇宮裡的權貴們則把義和團的「扶清滅洋」視為民眾對自己政治統治業績表示支持的令人鼓舞的民意測驗，把義和團的「神術」視為上天對自己岌岌可危的政權予以保佑的徵兆。

每一方的行動都得到了另一方的積極支持和肯定反應。戰場上的衝殺呼叫與密室中竊竊自喜的喁語交織在了一起。洋兵們的來福槍和加農炮的轟鳴與義和團大師兄唸唸有詞的「咒語」交織在了一起。被洋人大砲炸死的中國婦女身邊，嬰孩的啼哭聲與英國婦女的號叫聲（被清兵投入烈火）交織在了一起。大無畏的犧牲精神與貪婪的權勢狂熱也交織在了一起。不同階級的希望、憧憬、憤怒、詛咒、歡樂與痛苦，在二十世紀第一個年頭的春夏之際，不可分地匯合在一股清濁混雜的社會思潮的巨流中。這股巨流是如此強而有力，已經沒有任何人可以阻擋了！

然而，簇擁在慈禧太后身邊的那些如痴如狂、滿朝心醉的當權者中，有這麼一個並不簡單的角色。一方面，他由於善於見風使舵和阿諛奉承而深得太后信任；另一方面，在他那充

滿私慾的頭腦中卻恰恰保留著若干最起碼的常識感和現實感。
這個人就是維新派的死對頭，北洋大臣榮祿。他明知義和團的
「咒語」終究敵不過八國聯軍的真槍實彈，從而對朝廷向洋人
宣戰的未來後果心急如焚。他的圓滑使他不敢在御前會議上面
折廷爭；他不敢公開違抗太后命令 —— 攻打使館區的聖旨，
但他的現實感又使他對使館區作了一些虛張聲勢的攻擊來拖延
時間。正是一個處於權力中樞的人物，以他獨有的現實感和處
於權力中樞的觀察角度，懷著惶惶不安的焦灼心情，給當時的
兩廣總督李鴻章和兩江總督劉坤一，各發出一封告急求援的密
電。密電淋漓盡致地記載了當時北京城皇宮內外如痴如狂的戲
劇性場面，以致成為十分值得引證的珍貴史料：

> 北地臣民皆以受外人欺凌，至於極處。今既出此義
> 團，皆以天之所使為辭。臣區區力陳利害，皆不能挽回
> 一二。……諸王貝勒、群臣入對，皆眾口一詞。且兩宮諸王
> 邸左右，半係拳會中人，滿漢各營亦皆大半，都中萬人，來
> 去如蝗，萬難收拾，雖二宮聖明在上，亦萬難扭眾。……而
> 是日，又為神機營兵將德國公使擊斃，從此則事局又變。[273]

　　整個庚子國變的結果如何，早已是人們從近代史中熟知的
事實。人們幻想中的勝利「奇蹟」，被八國聯軍的洋槍洋炮冷
酷地粉碎了。成千上萬的義和團勇士倒在血泊之中。是年八月

---

[273]〈榮祿集・電報〉，原載《近代史資料》53 號，第 37 頁。

十四日，八國聯軍開始進入北京各使館。第二天，慈禧太后從北京逃往西安。帝國主義者對中華民族的一場空前野蠻的大浩劫，便找到了前所未有的「充分理由」來從容進行了。

一九○○年的李鴻章。李鴻章於一九○○年初被任命為兩廣總督，朝廷委派李鴻章去廣州上任，而李鴻章本人已經預見到了這場正在醞釀的風暴，希望盡可能遠地離開其中心。

一個古老文化的近代悲劇

在結束本章以前，我們還有必要回顧一下南方各省士大夫官紳們在庚子國難中表觀的一般社會心態。

人們或許會回憶起，在歐洲近代史上，當法國人在前線被德國人戰敗時，後方的法國人曾充滿熱情地繪製前線戰場

上法軍潰敗場面的圖畫，掛在法國城市街頭，用這種方法去刺激民眾的恥辱感，以激發同胞們奮起復仇雪恥的愛國熱情。然而，在一九〇〇年庚子國難後的中國南方各省，人們看到的恰恰是正好相反的情況。

當八國聯軍早已長驅直入，北京已經淪陷一個月，京津、直隸廣大地區的民眾屍積如山、血流成河的時候，當北方一片片廢墟令人慘不忍睹的時候，在南京、蘇州、杭州這樣一些名城大埠的街頭巷尾，人們卻在興高采烈地盛傳「義和團大勝，洋兵大敗」的「喜訊」（在當時，這些都市離上海也不過一二日的路程）。一位寧波大紳竟大繪戰勝示意圖分贈親友，以示慶賀。某一縣城的訓導官竟偽造朝廷宣布戰勝的聖旨。在南方各城中，人們還在奔走相告：「洋人入京，遇地雷火炮轟死達數萬人！」、「洋人戰死者屍體堆了滿滿兩船！」、「洋人逃命生還者僅數百人！」、「洋兵敗退到天津，懸上白旗請求投降，端王載漪與協辦大學士剛毅還不允許！……」[274]

---

[274] 〈砭俗〉（《中外日報》1900 年 9 月 25 日），載《義和團》第四冊，第 194 頁。

一九〇〇年八月進入皇宮的八國聯軍官兵在乾清宮內。

　　正因為消息的閉塞，恰恰最真實地反映出一種奇特而又普遍的社會群體心理 ——「徒欲尊己而卑人，喜榮而惡辱」，對勝利「喜訊」的渴望強於了解事實真相的渴望。這種幾乎滲透於苦難深重的中國民眾和士大夫官紳中的國民心理，在鴉片戰爭以後的半個多世紀中，不知從什麼時候起便在中國人的心中滋長起來。在庚子國難時期，它有著登峰造極的表現，即使到了後來，它的生命力在國民深層意識中並沒有完全消失。

《辛丑條約》簽字，中方代表是奕劻和李鴻章。

　　當一個古老而偉大的民族，處於迅速變化的國際交流時代，由於落後和作繭自縛而遭到種種欺凌和苦難的時候，當這個民族的社會菁英們以幻想中的國粹主義勝利和「精神勝利法」，來作為擺脫苦難的基本手段的時候，其結果，就必然導致這個古老民族的悲劇。

　　令人驚訝的是，早在中國庚子國難發生以前的四十二年（西元一八五八年），馬克思準確地預見了這一民族後來的命運：

　　一個人口幾乎占人類三分之一的幅員廣大的帝國，不顧時勢，仍然安於現狀，由於被強力排斥世界聯繫的體系之外而孤立無依，因此竭力以天朝盡善盡美的幻想來欺騙自己，

一個帝國終於要在這樣一場殊死的決鬥中死去。在這場決鬥中，陳腐世界的代表是基於道義的原則，而最現代的社會的代表卻是為了獲得賤買貴賣的特權——這的確是一種悲劇，甚至詩人的幻想也永遠不敢創造出這種離奇的悲劇題材。[275]

這種民族的悲劇，也正如本書闡述的主題，就其內部而言，也正是一個無力擺脫自身困境的古老文化的悲劇。

只要這種文化困境累積下來的種種劣根性的國民心理還潛藏在人們的深層意識中，而沒有被發現和予以淨化，一個民族就不可能真正徹底地擺脫那些曾經糾纏過它的夢魘和幽靈。正因為如此，對於近代中國歷史中造成民族悲劇的文化因素和文化背景的探索，對於導致古老文化的困境與其近代悲劇的歷史過程的沉思，將會不斷地吸引現代的和未來的歷史研究者們，並且它也將吸引著所有關心自己民族命運的炎黃子孫們——尤其當這個古老民族歷經了無數苦難之後，在走向未來的康莊大道，邁出決定性一步的時候。

---

[275]　馬克思：〈鴉片貿易史〉，《馬克思恩格斯選集》第二卷，第137頁。

第六章　國粹主義的最後一戰—幻覺中的勝利與現實的悲劇

結束語

> 萬古長存的山嶺，並不勝於生命短促、轉瞬即逝的玫瑰。
>
> ——［德］黑格爾

當一種古老的傳統文化面臨著西方近代文化挑戰的時候，它可以有兩種截然不同的選擇。一種選擇是，在吸收這種異質的、更先進的文化營養的同時，對傳統文化的結構、規範、思維方法進行一系列自我更新和建設性的轉化。這就意味著，以兩種文化的有機融合來作為對於挑戰的回答。另一種選擇是，把西方文化作為歷史上似曾相識的異端和旁門左道來加以排斥，以此來實現傳統文化的自存與民族自衛的雙重目標。

近代正統士大夫對西方挑戰的反應，顯然表明他們做出的是第二種選擇。他們這樣做的原因，從思想文化史的角度而言，是因為在正統士大夫看來，傳統儒家文化體系，也即他們心目中的「聖學」，乃是具有超時空的、絕對合理和完美的、自我和諧的有機體系。當人們認為古代聖賢已為後代確立了垂憲萬世的大經大法，而無需自己與「化外」的異邦人來補充、變更和發展的時候，那麼「聖學」這一完美的體

系也就變成了一個不自覺的自我封閉的排他性結構。來自西方文化的資訊衝擊，只能被理所當然地視為完美體系之外的謬誤和雜質 ── 予以排斥。同樣，中西文化的差異和衝突，將被人們視為聖教與異教的衝突，天理與悖謬的衝突，正義與邪惡的衝突，完美與缺陷的衝突。「人之持異教愈堅，我之護聖教愈力」[276]，一種主觀上捍衛真理的神聖使命感，在客觀上就會不自覺地變成頑固迂腐的衛道感。在中國近代史上，正統派恰恰是保守派，而保守派又恰恰是正統派，其根本原因正在於此。

近代正統士大夫始終不自覺地處於用聖學投影的思維方法編織成的意識網絡之中。正因為如此，當他們用這一認識工具來看待新興的西方文化的時候，也就喪失了如實認知這一客體對象的可能性。千百年來，當一代復一代的士大夫運用這一意識網絡來認識和適應周圍的環境時，他們從來就是得心應手，不曾遇到過任何困難的。然而在十九世紀中葉以後，傳統的意識脈絡不但不再是人們用來認識和應付驟然變化了的外部環境挑戰的工具，恰恰變成了阻礙人們認識這一現實挑戰的障礙。正如本書已經分析過的，在西方文化的挑戰和民族危機的雙重壓力下，中國士大夫階層實現傳統文化的自我調整、更新與轉化的過程是如此步履維艱，以至於人

---

[276] 葉德輝：〈明教〉，《翼教叢編》卷四。

們為吸收異域先進文化所邁出的任何微小一步，幾乎都不是靠「聖教」本身給予他們在精神上的力量，而是靠一種在外部強烈刺激下喚起的生存者最本能的避害反應和危機心理。而且，這些透過千辛萬苦從實際生活中獲得的新鮮認知和真知灼見，又不得不在與道統信條的劇烈搏鬥和衝突中作自我賺扎，以求得自己的生存地盤。

正因為如此，正統士大夫對「島夷」們最初的態度是冷漠的、傲然的、鄙夷的，接著他們由於受「西方怪物」欺凌而產生了被壓抑的屈辱感與挫折感。再後來，這些屈辱感和挫折感是如此強烈地刺激了他們的心靈，以至於他們不得不求助於幻覺中的「天神下凡」並導致國粹主義最後一戰的慘敗。保守頑固的士大夫們這一獨特的戲劇性經歷，在我們看來，無疑具有一種合乎邏輯的可理解性。

我們還應當提及，那些經歷了庚子國難之後的國粹派的最後一批老卒們。在他們向隅而泣的懷舊感嘆中，也許會留給我們一些最後的啟示。一九一三年，一位在上海窮極潦倒名叫胡思敬的士大夫，在為清議派著名人士屠仁守的書稿作序時，曾這樣寫道：

自國變作（指庚子國變），⋯⋯而夷服夷言，東南各省盡成犬羊窟宅，國家既廢，鹿洞、鵝湖，先聖講學之地，亦鞠為茂草。亂後相逢，執手欷歔，亦有難言之隱。海上流寓諸

公，賃屋而居，妻孥相對，悲咤不能自存。回念同光諸老，罷官之後，坐擁臬比，牛酒束脩，饋問不絕。……更如海上神仙，可望不可即。此予讀先生（屠仁守）之文，更增遲暮感，而慄然嘆於骨肉之親不可離，祖法不可輕變也。[277]

　　透過這如泣如訴的傷感和悲哀，我們可以感悟到：胡思敬的個人精神遭遇，恰恰是整個頑固保守的士大夫階層近代歷史命運的縮影。它還告訴我們：中國近代正統派士大夫的真正悲劇，恰恰在於他們希望透過與外部世界相隔絕的方式，來保持對「祖法」與「聖教」的絕對完美想像。他們又何嘗不希望得到後代的讚譽和尊重？他們對國粹主義的堅持又何嘗不包含著為子孫造福的良好心願？然而，他們的信念與現實的冷酷衝突，恰恰構成了西元一八四〇年以來整整三代正統士大夫在「聖教保衛戰」中連續不斷的失敗紀錄。

　　悠久而偉大的中國文明史，這最沉重的幾頁終於翻過去了。曾經在這個歷史舞臺上活動過的所有人，都早已長眠地下。正統士大夫們連同他們的憤怒、悲哀、熱情、眼淚和吶喊，早已消失在永恆的冥冥黑暗之中。

　　對於已經作古的人們，後代是不應做過多的指斥的。如果我們誕生在那個時代，也許我們中也很少有人能避免那種迂腐、荒謬與不可思議的保守。一種曾經煥發出奪目異彩、

---

[277] 胡思敬：〈屠光祿疏稿序〉。

古老而僵化的傳統，毋庸置疑是比任何現實的個人更強而有力的東西。它撫育著那個時代的人們，給他們知識與智慧，同時，也將反過來力圖支配人們的命運。

　　儘管如此，就正統士大夫作為近代社會中的一個社會階層而言，有一點也許是後代子孫難以原諒的：從西元一八四〇年到一九〇〇年的整整六十年，那並不是一個無法獲得新知識的時代，明明有著許多獲得新知識的機會，人們卻沒有加以利用，這些機會甚至被人們當作邪惡而堅決地拋棄。

　　於是，在我們結束本書的時候，作者想起了太平洋上的一個孤島。那裡曾經生活著一個完全與世界隔絕的、堪稱為文化上最落後的民族 ── 塔斯馬尼亞人（Tasmania）。他們自古以來就居住在石頭搭成的障壁旁，他們從來沒有萌發過建造草房可以避寒的念頭。他們不知道陶器為何物。他們的打製石器，也絕不比三萬年以前的尼安德特人更為高明。西元一八七七年，當最後一個塔斯馬尼亞人死去時，這個文化停滯的民族也從此絕滅了。[278] 導致這個不幸的民族絕亡的原因，是因為他們無法從不同文化的交流中吸取其他民族創造的智慧成果，以便適應大自然的嚴峻挑戰 ── 他們從來不曾指望海平線上會出現另一個文化，給他們帶來新的文化資訊。

---

[278]　羅伯特·路威：《文明與野蠻》，三聯書店 1984 年版，第 12 ─ 14 頁。

　　如果說塔斯馬尼亞人的文化停滯和最終滅亡，是因為他們面臨著自身無法跨越的地理障礙，那麼導致我們這個古老民族在近代的種種挫折、失誤與由此造成的不幸，絕不是地理屏障，而是由凝固了的傳統觀念築成的屏障。這甚至是比浩瀚無際的大海更嚴峻的屏障。因為它曾有效地使無數菁英人物把拒絕採擷其他文化中盛開的芬芳的人類智慧之花，視為自己神聖而光榮的事業，視為自己生命意義之所在。

　　正如一位哲人所說過的，一個灰色的回憶，絕不能抗衡「現在」的生動和自由。[279]正因為如此，我們完全可以相信，當這些僵化了的傳統觀念 —— 屏障，已成為歷史的時候，在炎黃子孫的土地上，那美麗的鳳凰 —— 那東方的不死之鳥，將會展翅飛翔。我們將追隨著她，環繞著她，噙著歡樂的淚，唱著歡樂的歌。

---

[279] ［德］黑格爾：《歷史哲學》，三聯書店 1956 年版，第 42 頁。

跋

當我來京即將改定全稿的最後一夜，一種迫切希望向讀者傾訴內心真切感受的願望湧上了心頭。此時此刻，我正坐在恭王府內的一個小房間裡。據此地的人們說，窗外不到三十米的地方，那座黑影幢幢的大殿，就是西元一八六○年十月二十四日恭親王奕訢與英國全權代表額爾金簽訂《北京條約》的地方。一種把書中出現的歷史人物與眼前實址連在一起的深沉的、史詩般的歷史感浸透了我的全身——我們固然沒有誕生於那個令人窒息的時代，有幸避免了好幾代人連續的屈辱和痛苦。但在這月光如水、風清露冷的秋夜，古藤發出的沙沙聲卻彷彿要求我們去承擔一種沉重的歷史責任，那無疑是一種使古人欣慰、使後人羨慕的歷史責任。

作者

記於一九八五年九月二十一日

跋

附錄一　追求思想者的坦蕩之樂

　　也許有人會認為，熱愛知識與學理，只是清寒的學人聊以自我安慰的藉口，然而，我卻實實在在地認為，它們相結合而給予一個人的坦蕩之樂，是人生的至高境界，無論在過去，也無論在未來。

　　每一個時代都有這樣一批知識分子，他們深切地感受到自己所處的社會面臨的困境與問題，總覺得這些問題與困境需要他關注、思考與批判。不這樣做，他就會覺得於心不安。他總是在自己所從事的學術研究與思考中，去尋求這些問題的癥結與起源，並力求運用自己的心智，為發現與解決這些時代性的困惑而作出自己的思想探求與選擇。正如一位思想家所說的那樣，知識分子就是那些對社會的困境與問題充滿無法擺脫的內疚感的人們。

　　在二十一世紀剛剛開始的時候，回顧自己多年思想發展的心路歷程之願望油然而生。二十世紀後半期是一個浪漫主義的熱情、烏托邦式的理想與現實主義的政治理性劇烈碰撞、衝突的時代，這是世俗的現實主義逐漸成為人們主流價值的選擇，並由此帶來新的困惑與問題的時代。正因為如此，作為一個生活在一個大轉型時代的歷史學者，我力求透

過對中國近百年來的現代化歷程的反思，以此作為研究現實變革問題的學理資源。

中學畢業以後我進了工廠，當時正值「文化大革命」時期，知識分子不能讀書，而我作為一個工人，卻有幸可以在基本不受干擾的情況下業餘讀書，從《通鑑紀事本末》到南斯拉夫工人自治的批判資料，從哲學到文學，從美術史到考古報告。記得那是一九七二年，高爾基（Maxim Gorky）那篇充滿浪漫主義的處女作《馬卡爾·楚德拉》是如此強烈地震撼過我，使我在工廠的宿舍裡夜不能寐，以至於我終於下定決心，懷著多年存下的兩百多塊人民幣，帶著一架從工廠同事處借來的八塊錢的華山牌照相機，隻身旅行了十二省，四十幾個城市，行程二萬里。在乾陵、青海湖畔、陽關故址，在柴達木草原、當金山口與峨眉山的金頂，都留下過我這個青年飄泊者的足跡。這段頗具浪漫色彩的生活經歷，使我在那相當枯燥的歲月裡，保持著一種對生活的新鮮熱情，保持著一種對富於個性的、特立獨行的人生態度的欣賞與執著。我永遠不會忘記當年躺在伊克柴達木湖畔的草地上，望著高原上空白雲的獨特感受。這種經由旅行與讀書而保持下來的浪漫熱情，使我能感受到精神生活的價值，感受到世俗生命中還存在著另外一些人生選擇與美好的事物，這是任何人都無法從你手中奪走的、永遠屬於你自己的、異常豐富的

精神資源。

我能真切地體會到人性中詩情夢幻的浪漫主義所具有的美好一面，但我所從事的近代歷史研究，卻使我更相信冷峻的理性與現實主義，遠比充滿熱情的浪漫主義對於一個民族的進步更為重要。

在工廠生活的十二年中，我大約記下了近百萬字的讀書札記。一九七八年，當這個社會開始真正感覺到需要自己新一代知識分子的時候，我幸運地考上了「文革」以後的南京大學歷史系第一屆研究生，成為知識分子中的一員。

我治學經歷的第一階段，是從一九七八年考入南京大學歷史系，師從韓儒林先生攻讀元史的研究生時期。在這三年中，以治學嚴謹著稱於中國外史學界的韓師，使我有幸受到了相當嚴格的學術訓練。然而，中國正在進行的社會變革與形形色色的社會思潮更吸引我。特別感激我的導師的是，當他發現我的學術氣質與興趣與他原來所期望的相距甚遠之後，他主動地提出，我可以不必學他的研究路數（這是一種以歷史比較語言學為基礎的相當精深的研究路數），而去走自己的路，讀自己想讀的書。正是導師的這種愛護與寬容，使我在南大的三年中，能夠有相當充裕的時間和自由去從事政治學、歷史理論與國外新的研究方法的研究與探求，而這正是我後來形成自己研究特點的起點。

如果說，在南京大學三年攻讀的生活，是我走向一個學者的基礎訓練階段的話，那麼，自從一九八二年初我畢業後到上海師範大學任教，直到一九八七年，這五年，則是我學術研究的第二階段。作為一個獨立任課的教師，我可以不再受元史這一專業的限制，而去關注一些與現實改革問題更為密切的近代思想文化史與近代變革史問題。

一九八六年，我的處女作《儒家文化的困境》一書在中國出版。可以說，《儒家文化的困境》一書是一部可以被稱之為「反思史學」之作，一部力求從中國人的主觀方面尋求近代以來現代化過程何以失敗的著作，其中充滿了對傳統的文化保守主義進行清算的文化憤怒感。而這種憤怒感，正是我在寫作這本著作時的一種熱情與動力。在這本書中，我力求剖析，在千百年傳統封閉體制下，近代中國正統士大夫所形成的文化思維方式的扭曲，以及他們那種以心理自慰與曲解現實的方式來求得心理平衡的特殊機制。

這一特定的歷史視角，或許只有我們這一代人才會獨特地加以珍視與掌握。因為，我們是剛剛走出封閉圈，迎來開放時代，並曾真切地體驗過什麼才叫封閉。我們是這樣一代人，對「封閉」這一文化現象具有強烈的「問題意識」的一代人，這也是這部十幾萬字的小冊子何以不脛而走，發行量高達十萬冊的原因。我永遠不會忘記，我在那上海弄堂的小

房間裡寫作這部書時所經歷的熱情，那是一種常常令人在夢中也會「驚坐而起」的熱情。我永遠不會忘記，當年我環繞這一題目在北京、天津、南京各大學演講時，講臺下面那一雙雙充滿歷史責任感的眼睛。當我們的社會已經走向不可避免的世俗化歷程時，讓我們多少也能保持對那一個時期的美好回憶與珍惜。

可以說，一直到一九八八年以前，我在學術研究方面的基本關注點，始終是官學化的儒家名教以及由此形成的文化惰性，對中國近代以來的現代化阻抗力問題，內心充滿著使命感，思想純真、浪漫而又簡單樂觀，而這一切又恰恰是近代中國與我同時的多數主張變革的知識分子的共同特點。

我真正走上自己的思想道路的起點，是在一九八七年以後。從那一年起，我開始潛心研究中國早期現代化的歷史，而嚴復與法國社會學家涂爾幹（Émile Durkheim）是對我的思想發展有著最為直接影響的兩個思想家。

自近代以來，那些以變革作為自己選擇方向的人們，為什麼並沒有使中國現代化取得成功？中國自戊戌變法以來的變革過程為什麼總是屢遭挫折？除了保守主義勢力的阻力外，中國的改革者在多大程度上也應對此負有責任？中國自辛亥革命後建立的早期議會民主政治，為什麼會失敗？為什麼在後發展國家的議會政治失敗以後，均會出現這種以「現

代化」為其標識的「強人政治」？袁世凱的權威主義又為什麼
會演變為北洋軍閥的分裂時代？這些問題是正在從事新一輪
現代化事業的人們所想知道的，而且也應該是從事當今新現
代化事業的人們進行歷史反思的真正基礎。這種對中國近代
以來現代化過程的歷史研究，無疑會對當代中國人認識中國
問題的複雜性、兩難性提供其他任何學科學研究究所無法企
及的豐富資源。

　　也許，對現實變革的反思，是支配我在學術研究中做出
轉向的、潛在的、不自覺的動機。我開始關注戊戌變法派別
的群體心理問題。我發現，從一個封閉保守的文化環境中脫
穎而出的最早改革者，似乎都有一種菁英主義的孤獨感、「憤
世情結」與危機壓力下產生的焦灼與亢奮心態，他們總是以
一種「大變、速變、全變」的激進思維來決定變革的策略，
而這種政治選擇又與中國傳統官僚集權制下的改革在邏輯上
所要求的漸進性、平緩性存在著巨大的矛盾，這一點恰恰是
戊戌變法失敗的主觀原因之一。事實上，這種特殊的變革心
態又與一九八〇年代以來中國新的變革知識分子在心態上有
著令人驚異的同構性。

　　從這以後，作為我學術歷程的一個新階段，我更注重運
用上述早期現代化研究的學理資源，來對現實變革過程中的
理論問題進行研究，包括從政治社會學的理論層面，來思考

現代化變遷過程。

　　我所主張的變革觀，正是在對近代政治激進主義的學理批判的基礎上逐漸形成的。我主張在尊重傳統秩序的歷史連續性的基礎上，透過漸變變革實現現代化。變革過程必須保持歷史變遷的連續性，為此，必須在新舊制度、規範與秩序之間，尋找某種積極的仲介，並在這一意義上重新肯定傳統價值體系、意識形態與權威政治形態在現代化過程中的意義與作用。

　　我認為，一個關注民族命運的歷史學者，較之其他學科的學者，具有一個特殊的有利條件，那就是，他可以同時擁有兩把鑰匙。他可以以活生生的現實中產生的「問題意識」，去解開近代歷史之謎，開啟歷史之宮的大鎖。另一方面，正是歷史學者，可以運用從歷史反思中獲得的智慧，從錯綜複雜的現實矛盾的紐結中，去發現問題的實質。

　　在人生之路上，我覺得自己是一個可以稱得上幸福的人，這絕不是自己沒有經歷過生活的挫折和磨難，事實上，這種磨難困苦絕不比別人更少。我覺得，我很少體會到空虛與寂寞，無論是十二年工廠生活的艱苦勞動，還是在我的觀點頗受到世人乃至朋友誤解的時候，我的精神始終是充實的，其原因也許在於，從早年時期起，我就能從書本中，從知識與學理的追求中，源源不斷地獲得到精神歡悅的源泉。

我還清楚地記得，當年在當工人的時候，哪怕只有十五分鐘的停電空隙，我都會跑步到附近的宿舍去讀哪怕是幾分鐘時間的書。在許多人看來，也許這已經是一種近乎偏執的熱情，然而，正是這種對知識的熱情，使我最深切地體會到愛因斯坦所說過的那句至理名言：「熱愛是最好的老師。」我所擁有的一切，大部分是這位老師的賜予。當一個人把這種熱愛與對民族命運的關注與思考結合在一起的時候，他就有了雙重的精神支撐點。

也許有一些自命為「後現代」的人會認為，使命感是一種過期的多餘品。也許有人會認為，熱愛知識與學理，只是清寒的學人聊以自慰的藉口。然而，我卻實實在在地認為，它們二者相結合而給予一個人的坦蕩之樂，是人生的至高境界，無論在過去，也無論在未來。在我看來，對人生浪漫的、詩意的熱愛，與對現實理性的肯定，可以在一個人的生命中尋找到結合點。而這種結合可以使一個生活在世紀之交的中國知識分子的人生，達到社會使命感與對真善美價值追求的和諧統一。

附錄二　中國人如何煥發文化自信
——二百年來中國人的文化心態演變簡析

　　《儒家文化的困境》出版已經三十多年了，這本小冊子的初版印發量達十萬冊。在一九八〇年代，拙著在社會上產生的影響是筆者未曾預料的。筆者當年在一些大學就此書的內容作演講，熱烈氣氛與大學生們的文化反思熱情，都讓人永遠難忘。

　　如果說，《儒家文化的困境》一書從文化的視角，考察了近代中國人在應對西方挑戰過程中陷入的艱難困局，那麼，本文則旨在分析了十九世紀中期到 21 世紀初期，這二百年來中國人文化心態的簡要演變過程。拙文，可以看作是《儒家文化的困境》一書的「接著說」，也是筆者對近代以來中國人文化心態的新思考。

近代中國人的文化優越感如何影響中國的命運

　　眾所周知，華夏文明是世界上是最古老的文明之一，具有很強的原創力，然而它卻是在缺乏與其他文明充分交流的漫長歲月中，在相對孤立的狀態下，發育、生長並成熟起來的。久而久之，我們的古人就自然而然形成了以華夏為中心

的「天下」秩序與觀念。

　　自秦漢以來二千多年的中國人,是沒有歐洲人通行的國際觀念的。中國文明的相對獨立性、孤立性,天下觀念與朝貢體制,就自然形成了上自中國皇帝、士紳菁英,下至普通百姓根深蒂固的文化優越感,這種文化優越感,實際上是一種封閉性的「文化自信」。

　　西元一七九三年與一八一六年,英國兩次派使團來華,請求擴大與清朝的通商事宜,乾隆皇帝與嘉慶皇帝,都因對方在覲見時,不肯行三跪九叩大禮,而僅願意行脫帽鞠躬禮,就大為惱怒,要把這些「不知禮數」的「夷狄」的使者驅逐出去。這些透過非洲好望角,穿越大西洋、印度洋、太平洋,遠道而來的英國使節們所提出的通商請求,被清政府嚴詞拒絕。

　　不但中國皇帝如此,中國的士大夫與百姓也具有同樣的文化心態,這種文化優越感是如此強烈,以至於鴉片戰爭經歷了失敗,但道光時代的中國人仍然沒有改變這種心態。因為這種封閉狀態下的文化優越感,使中國的皇帝和臣民,都對外部世界的知識極度缺乏,由此造成的文化誤判與策略誤判,又進一步導致災難性的後果。

從「通州人質事件」看文明衝突

正是在這種歷史條件下，傳統中國的「天下秩序」與觀念就成為近代中西文明衝突的一個焦點。這裡可以列舉第二次鴉片戰爭中發生的一件具有重要思想啟示的史實。

西元一八六〇年九月，英法聯軍代表在通州與咸豐的欽差大臣進行了八個小時的談判，雙方本來已經談妥：英法聯軍一萬八千人的部隊將駐於通州附近，不再侵入北京城，只由聯軍代表進入北京，並在京城與清廷正式簽訂《天津條約》及其附款，此後則離京，經天津回國。[280]

然而，在通州談判中，英法聯軍談判代表巴夏禮（Sir Harry Smith Parkes）根據額爾金（Earl of Elgin）來信的指示，提出由英法聯軍中的一千名身穿猩紅色禮服的儀仗隊（其中還包括背著碩大銅喇叭與軍鼓的樂隊），隨同英法聯軍代表入城，參加簽約儀式。

根據英法聯軍當事人後來出版的回憶錄，法國人與英國人在這個問題的細節上還是有分歧的，法國人認為，派一百名或一百五十名儀仗隊入城足矣，但英國人堅持要派一千人。在英國人看來，非如此，不足以給中國皇帝與皇城的老百姓留下令人震撼的深刻印象，最後還是由英國方面定了下

[280] 《額爾金書信與日記選》中譯本，中西書局 2011 年版，第 207 頁。

來 —— 聯軍總指揮是英國的前加拿大總督額爾金。咸豐於九月十六日對此作出讓步，勉強同意英法雙方各派四百人入城。但到了十七日，英法聯軍談判代表又提出新的要求，即要求按國際慣例，由聯軍總司令額爾金覲見咸豐皇帝，並向皇帝當面交換國書。

英法聯軍為什麼提出這樣的要求？他們是想以這一舉動，以「西發里亞體系」（Westphalia）的國際秩序，來挑戰中國的「天下秩序」。他們還要向中國京城百姓展示，堂堂歐洲大邦，絕非中國人心目中的「蠻夷」，以此來宣揚勝利者的國威。

通州的清方談判代表怡親王堅決反駁，理由是「按中國之禮見皇上，自王大臣以下，無不跪」。巴夏禮反駁，「我非中國之臣，安得跪」[281]？在這個問題上，雙方根本沒有妥協的餘地。

欽差大臣怡親王立即把洋人在「不行三九大禮」的條件下覲見皇帝的要求，轉呈給咸豐皇帝。「洋夷」居然不行三九大禮，這被咸豐皇帝視為是奇恥大辱。此前，他已經同意洋兵八百人可入城，這時，額爾金卻要當面見他，則立即被咸豐皇帝理解為這是洋人要重演當年項羽殺劉邦的「鴻門宴」故伎。他斥責談判大臣，怒稱「爾等怎麼連洋人這種

---

[281]〈英夷和議紀略〉，錄自《近代史資料》，1956 年第 2 期。

三十六計的詭計都還看不明白」?

　　這位二十九歲的盛年皇帝，在暴怒之下下旨，逮捕英法方面的談判人員及其隨從。[282] 九月十八日，英法談判代表與衛士共三十九人成為清廷的人質。[283]

　　根據巴夏禮事後的陳述，僧格林沁在抓捕他以後，在審問時就問過，「為什麼你昨天不同意解決關於觀見皇上的問題?」[284] 這也足以說明，抓捕談判人員是雙方矛盾爆發的焦點，因為受「天下秩序」觀念支配的咸豐皇帝，根本無法接受英法代表按照外交禮節的觀見。

　　為了要回人質，暴怒的額爾金揚言：三天內，如果負責交涉的恭親王不交還全部人質，就立即攻城，並威脅將把攻下的北京城用一把火燒掉。千鈞一髮之際，恭親王派人把巴夏禮在獄中寫的信送到了額爾金手中，巴夏禮在信中說，「恭

---

[282] 根據《籌辦夷務始末》（第 62 卷，第 4 − 5 頁）記載，咸豐已經於一八六〇年九月十四日諭令：「巴夏禮、威妥瑪等係謀主，即著將各夷及隨從等羈留在通（州），他日戰後議撫，再行放回。」可見抓捕人質的命令是由咸豐下達的。但九月十五日，皇帝決定再次讓步，咸豐硃批「另有旨」：大意是，如果對方讓步，同意減少人數，各派四百人進城，也是可以允許對方派兵進城議和的。

[283] 載垣等奏稱，「英夷巴夏禮昨日到通（州），堅欲親遞國書，奴才等以該夷狂悖至此，撫局斷無可議，當即照僧格林沁將該夷截拿。」由此可見，載垣是根據四天以前皇帝的聖旨抓捕人質的。以上資料見於蔣廷黻編的《近代中國外交史料輯要》，湖南教育出版社 2008 年版，第 271 頁。此史料顯示，關鍵點是英法聯軍方面堅持要觀見皇帝，所以談判破裂，怡親王決定將談判代表抓捕。其根據是咸豐九月十四日的上諭。

[284] ［英］麥吉：《我們如何進入北京》，中西書局 2011 年版，第 153 頁。

親王是明白人」，要額爾金冷靜。[285] 這才使額爾金沒有立即攻城。

此後，咸豐終於同意放回人質。然而，不久之後，恭親王從熱河行宮的太監處得知，主戰派已經成功地說服皇帝盡快處決人質。皇帝已經改變主意，決定下旨殺掉所有的人質。恭親王決定在新聖旨到達北京以前提前放人。根據相關史料記述，就在正式聖旨到達前的一刻鐘[286]，恭親王把獄中所有還活著的人質，與盛放已死人質遺體的棺柩，全部移交給英法聯軍。這才避免了北京全城被焚的浩劫。

三十九個人質的命運如下：兩人被清軍斬首示眾，十八人死於獄中；清廷被迫交還了另外十九個人質 —— 大都在獄中受到殘酷虐待，有的傷口上還生滿了蛆。[287]

為了實行報復，英法聯軍決定在咸豐居住的皇宮與圓明園兩者中，燒掉其中一個。用《額爾金書信與日記選》中的話來說，他的這個決定是「對中國皇帝個人進行的懲罰」。「這是清帝最喜愛的住所，將它毀去，這會刺痛他的感情。」他的動機就是讓皇帝因失去心愛的住所而感到痛苦。[288]

額爾金之所以沒有選擇燒皇宮，是他認為當時皇宮裡還

---

[285]　[英] 麥吉：《我們如何進入北京》，中西書局 2011 年版，第 163 頁。
[286]　[法] 布立賽：《1860：圓明園大劫難》，浙江古籍出版社 2005 年版，第 252 頁。
[287]　[英] 麥吉：《我們如何進入北京》，中西書局 2011 年版，第 148 頁。
[288]　《額爾金書信與日記選》中譯本，中西書局 2011 年版，第 220 頁。

住著恭親王，燒了皇宮，就找不到與中國進行談判的代表了。正因為如此，現今的北京故宮才得以倖免於難。

英軍最後選擇了火燒圓明園。遠在北京城，人們都可以看到從圓明園發出的如黑色斗篷般的巨大濃煙。

順便一提的是，法國人對此表示反對[289]，法軍也沒有參加這一行動，從此以後，「火燒圓明園事件」也成為中國人百年悲情的歷史符號。[290]

這確實是一場殘暴的悲劇性的文明衝突，以強凌弱的英法聯軍侵入中國，並在中國火燒圓明園，這些侵略的暴行，是我們世代永遠不會忘記的。

但我們也可以從這一文明衝突事件的惡性互動中看到，沉醉於「天下中心」夢幻中的大清皇帝，對於外部世界，對於國際觀念，對於歐洲的「西發里亞體系」，完全一無所知，他之所以下旨斬殺人質，也是因為，在大清皇帝的天下觀念中，犯上作亂的夷狄，是可以當作不開化的土匪，予以任意處置的。正如此前道光皇帝下旨把「化外」的「夷狄」押到午門前來斬首一樣。

咸豐皇帝想像中的「鴻門宴」──文化誤判，與斬殺

---

[289] 《格蘭特私人日記選》中譯本，中西書局 2011 年版，第 93 頁。

[290] 關於 1860 年人質事件的史料，可參閱《近代中國外交史料輯要》第 270 － 273 頁，以及《圓明園叢書》內的《巴夏禮在中國》、《蒙托邦征戰中國回憶錄》、《黃皮書日記》等英法聯軍當事人的多種回憶錄。

英法人質事件，是刺激西元一八六〇年中英事態不斷惡化的內部原因之一。這也是人類歷史上決策者固化的傳統觀念，如何影響其決策的典型例子。絕大部分中國人都知道「火燒圓明園」，卻至今很少有人知道這件事情的具體原委。事實上，只有真實的歷史才能提供真實的教訓。

這裡附帶補充一下，英法聯軍方面提出這個千人入京的要求，也是在根本不了解中國文化的條件下，沒有考慮處於長期封閉環境中的中國皇帝的心理承受力。英法各國在此事件以後的十幾年裡，直到同治皇帝大婚以前，都再也沒有重提以「國際禮」覲見中國皇帝的要求。

事實上，逃到熱河的咸豐皇帝，在英法聯軍撤出北京後，仍然遲遲不肯回北京，他對北京的恭親王提出的解釋是，他擔心聯軍會從天津殺個「回馬槍」──若洋人再殺回北京，並要求按歐洲禮覲見他，在他看來，這就是對他的羞辱。由於他遲遲不回，幾個月以後死於熱河，才讓慈禧有機會在熱河發動政變，成了統治中國長達四十七年（西元一八六一至一九〇八年）的女主人。統治者念念不忘的三九大禮，居然間接地改變了整個中國後來的命運。

士紳是如何曲解西方挑戰的

　　特別要指出的是，在西元一八六〇年代，除了少數洋務派菁英，極少有中國人醒悟過來，並清醒地認識到已經變化了的世界。只要看看一八六〇年前後朝廷大臣們給皇帝的奏摺，讀讀那些如夢囈般的話語，或荒唐無稽的應對「英法蠻夷」的方略獻策，人們就可以知道，近代中國各階層普遍根深蒂固的文化優越感，是如何影響了中國人在關鍵時刻的歷史選擇。

　　從鴉片戰爭到中法戰爭的四十年裡，大清帝國在西方挑戰中不斷陷入屈辱與失敗，先後簽訂了《南京條約》、《天津條約》、《北京條約》，並讓俄國趁機奪取了一百六十萬平方公里的土地，直到中法戰爭失敗，中國士大夫菁英才普遍產生隱隱的群體焦慮感。當時中國人心中的問題是，中國是天朝上國，為什麼樣人會不斷侵凌中國並且總是得手，中國總是屈辱挫折，中國何以自處？

　　於是在社會上流行起一種我們可以稱之為「泛教化論」的言說與思潮，士紳中盛行的這種「泛教化論」思潮，現在的中國人已經很少有人知道了，但當時連乾嘉學派大師、翰林院名流俞樾，也是鼓吹這一思潮的中堅人物。根據這種「泛教化論」的解釋，洋人憑藉堅船利炮來華，是因為上天

「憐憫」這些不開化的洋人，所以讓他們發明了舟車、器械、算學與天文，從而可以不遠萬里，來到中國，「天實啟之，使之自通於中國」接受「堯舜之道」，「中國將出大聖人，將合大九州島而君之」[291]。此後，洋人在禮樂教化的薰陶下，將成為天下中心的中華文明的歸順者。他們信心滿滿地預言，不出一百年，全球九萬里，將會一道同風，天下一家，中國的聖教光澤，從此開始遍布全世界。「聖教披於絕域，必自今日始矣。」[292]

這種封閉狀態下的「文化自信」的奇葩論說，讓當代人覺得如同夢囈般不可思議。我們無法理解，為什麼當時中國社會上具有最高知識教育程度的、被稱為「士林華選」的高智商人士，竟然會群起信奉這種背離常識的荒唐觀念？好似阿Q的「精神勝利法」。

可以說，在群體性文化焦慮不足以取代中國人頑強的文化優越感的情況下，中國士紳中盛行起來的「泛教化論」，是近代中國人透過心理防禦機制，來挽救已經受到挫折的文化優越感的最後努力。

一九○○年，中國陷入了庚子國變，被極端保守派利用的義民們，他們堅信天神已經下凡，在北京街頭，人們紛紛

---

[291]　俞樾：《清朝柔遠記·序》，中華書局 2008 年版。
[292]　李元度：〈答友人論異教書〉，《皇朝經世文續編》，光緒十四年（1888）版。

傳說，玉皇大帝、關老爺已經從天降臨，來助中國「扶清滅洋」了，十九至二十世紀之交的這些人們，經由群體心理上的曲解作用，透過心理幻覺來維護「天下秩序」，這種心態變化正是沿著「泛教化論」的心理防禦的邏輯衍生出來的。封閉狀態下的極端自信，一變而為華夏大地上狂熱的非理性排外運動，並引發八國聯軍入侵的民族災難，失敗後的清廷不得不同意分三十九年支付入侵者九億八千萬兩白銀的戰爭賠款，以此來換取八國聯軍撤出中國。中國近代以來的屈辱感，從此達到了最頂端。

顛覆性的逆轉：
文化自卑成為中國的集體潛意識

在十九世紀與二十世紀之交，中國經歷的這場巨大災難，最終摧毀了近代中國正統士大夫階層的文化優越感，非理性的保守排外主義也從此壽終正寢。

此後，清廷為了挽救自己的統治危機，不得不進行清末新政與籌備立憲，而中國人的文化心態也隨之發生了顛覆性的逆轉：此後相當一個時期內，近代中國人的極度的文化優越感，被一種群體性的文化自卑心理所取代。

一九〇六年以後的北京，讓來訪的日本人德富蘇峰大為吃驚，他在達官顯貴的客廳裡，受到時尚的西洋餅乾的招

待，坐的是西洋沙發，中國主人用西洋的握手禮，代替了傳統的鞠躬禮向客人致意。[293] 中國的菁英們對一切來自西方的新事物，引為時尚，且趨之若鶩。

　　一九〇六年，慈禧太后垂問應召來京的湖廣總督張之洞，「中國要不要實行西方式的立憲」？這位曾經倡導「中學為體，西學為用」而享譽全國的封疆大吏，卻不假思索地回答說，立憲越快越好，連去國外考察都是不必要的，考察也只是走馬看花，西洋的好制度拿過來用就可以了。還考察什麼？在他看來，「立憲事情，越速越妙，預備兩字，實在誤國」[294]。

　　一種在西方發展了數百年，成為西方民主生活的一部分，需要複雜的社會文化條件支持，才能在西方社會中造成功效的歐洲君主立憲體制，在張之洞眼中，居然連考察都是沒有必要的。凡是西方的東西，都是拿來就可以用的，這種社會風氣以至到了這樣的地步。不過曾經從德國考察回國的吏部侍郎於式枚認為，考慮到中國的國情，搞西方的君主立憲制，至少要等二十年以後才可以有條件推行。[295] 此論，立即在全國千夫所指，人人喊打；此人，當時在士林中也就臭

---

[293]　[日] 德富蘇峰：《中國漫遊記／七十八日遊記》，中華書局 2008 年版，第428 頁。
[294]　轉引自孔祥吉：〈張之洞與清末立憲別論〉，《歷史研究》1993 年第 1 期。
[295]　參見拙著：《危機中的變革：清末政治中的激進與保守》，廣東人民出版社2011 年版，第 199 頁。

名遠颺。

此後幾年，從日本歸國的梁啟超也感嘆，自己對西學其實也只是略知一些皮毛，然而回到中國，卻被全國大眾視為精通西學的頭等大師，到處被奉為上賓，受到鮮花掌聲的歡迎，聽眾對他說的話，聽得如痴如醉。這讓他內心頗為難堪。

十九世紀與二十世紀之交的中國，維持殘存的文化優越感，被屢戰屢敗的現實最終衝擊得粉碎之後，中國便陷入了最嚴重的文化自卑危機。

從文化優越到文化自虐

眾所周知，在發端於一九一五年的新文化運動中，激進的全盤反傳統主義思潮是這一運動的突出特點，傳統文化被視為國粹，陳獨秀宣稱：「固有之倫理，法律，學術，禮俗，無一非封建制度之遺。」[296]

這種激進的全盤反傳統主義的強烈程度，在吳稚暉、錢玄同等人的著述中表現得更為典型，吳稚暉喊出「把線裝書扔到茅坑裡去」。錢玄同甚至極端到「廢除漢字」，在他看來，「二千年來用漢字寫的書籍，無論哪一部，打開一看，不

---

[296] 陳獨秀：〈敬告青年〉，《中國現代思想史資料簡編》第 1 卷，浙江人民出版社 1982 年版，第 5 頁。

到半頁，必有發昏做夢的話」，「初學童子則終身受害不可救藥」[297]。他還說，「欲使中國不亡，欲使中國民族為二十世紀文明之民族，必以廢孔學滅道教為根本之解決，而廢記載孔門學說與道教妖言之漢文，尤為根本解決之根本解決。」[298]在他看來，為廢孔學而廢漢文之後，可用世界語取而代之。激進的青年們認為，自古以來，漢文的書籍，幾乎每本每頁每行，都帶著臭味。

　　毫無疑問，這種全盤性的激進反傳統主義，是人類文化史上前所未有的，展現了激進知識分子對本國文化的近乎自虐的嚴厲批判。

　　我們可以歷數一下中國人的心態變化：從西元一七九三年馬加爾尼來華算起，中國人從極度的文化優越感，經由「泛教化論」心理防禦，一變而為庚子國變時代極端保守主義的惡性膨脹；世紀之交，再一變而為群體性的文化自卑；又一變而為一九一五年後新一代青年人咒斥祖先創造的文明──這一過程似乎產生了一種強烈的心理快感。從極度的文化自信，到極度的文化自虐，中國人的文化心態可以說是鐘擺效應，一波三折。

---

[297]　錢玄同：〈中國今後之文字問題〉，《中國現代思想史資料簡編》第 1 卷，浙江人民出版社 1982 年版，第 417 頁。
[298]　錢玄同：〈中國今後之文字問題〉，《中國現代思想史資料簡編》第 1 卷，浙江人民出版社 1982 年版，第 420 頁。

　　這就是近代二百年來中國人的精神心態歷程。在人類歷史上，一種從未中斷過的古老文明，一個具有強烈文明優越意識的民族，在二十世紀初期，卻產生了人類歷史上最劇烈的、最激進的、全盤性的自我否定浪潮。這確實是人類文化史上極為罕見的現象。

　　值得一提的是，這種極端反傳統主義心態與思維方式，是如此頑強，以至於在一九六〇、七〇年代中國的大動盪時代，它又以特殊的變異方式，展現於群體性的、狂熱的全面打倒傳統文化的「破四舊」的非理性行動之中。

　　歷史證明，這種激進反傳統主義造成嚴重的後果，就是民族自信心的缺失，以及它對於民族凝聚力的消解。人類歷史上一個有史以來從未間斷過的偉大文明，卻在二十世紀來臨時，陷入了史無前例的自虐式的文化批判運動，可以說是一種「歷史因果報應」。

　　在這裡，讓我們回顧一下各國的歷史經驗是有益的。在二十世紀歷史上，幾乎所有的非西方國家，都曾不約而同地訴之於本民族的古老傳統，來強化這個民族在現代化過程中的凝聚力與認同感。日本明治維新是如此，以「復興傳統的土耳其」為號召的土耳其是如此，以「印加帝國」作為民族精神源頭的秘魯也是如此。然而，中國的知識界主流，卻選擇了與傳統文化決裂來喚起民眾，來啟動本國的現代化運動，可以說，這是人類精神史上非常奇特的弔詭景象。

嚴復是近代以來最深刻的思想家，他指出，當人們把舊價值完全拋棄，「方其洶洶，往往俱去」，「設其（傳統）去之，則其民之特性亡，而所謂新者從以不固」[299]。嚴復思想的深刻性在於，當一個民族把自己的文化全盤否定以後，就如同把千百年來保護這個民族的生態防護林全盤砍去一樣。失去生態林防護的人們，哪怕是引入外來的好種子，也會因水土流失，土質劣化，使外來文化因子「無枝可棲」，無法有效地吸附於受體之上，而不能生根發芽，開花結果。用嚴復的話來說，那就是「其民之特性亡，而所謂新者從以不固」，其精義如此。

正是在這個意義上，嚴復認為，一個民族的進步與富強，必須是「新」與「舊」的結合，他說「非新無以為進，非舊無以為守」，「統新故以視其通，苞中外而計其全」，只有這樣的闊視遠想，中國才能日臻富強。

在文明互鑑中煥發真正的文化自信

中國近代的歷史表明，一個拒絕文化交流的民族，是無法有真正的文化自信的。一個民族的文化自信，必須在文明的互鑑中，在堅實的現代化基礎上，才能真正實現。

---

[299]　嚴復：〈與《外交報》主人書〉，《嚴復集》第 3 冊，中華書局 1986 年版，第 560 頁。

暴風驟雨般的反傳統大潮過後，中國本土的文化自信正在高調重建。這固然令人振奮，但其間也不乏值得警惕之處。

這是因為，人類文化的進步，尤其是價值理念與思維方式的進步，其實是相當緩慢的。一個民族在長期歷史中形成的文化觀念，往往具有強大的歷史慣性。傳統的「天下秩序」文化心理，長期以來，已經累積為人們的無意識與潛意識，在國家重新強大起來以後，會重新被喚醒，從「假死」狀態，一變而為真實狀態，並在某些人群中惡性膨脹，形成文化上的「返祖現象」。

近年來，一種虛驕的民族主義思潮，也再次在社會上盛行起來。為什麼國力強大起來以後，反而會出現虛驕的民族主義回潮與膨脹？

從社會心理的角度來解釋，由於中國人百年來受列強欺侮，強烈的悲情一直憋著一股氣，已經積壓了一百多年了。於是有人認為，現在中國崛起了，中國可以在任何地方、任何時間表達我們百年來壓抑的情感了。在相當一部分國民中，尤其是在青年人中，產生了把長期壓抑的屈辱感，透過高亢激昂的方式予以宣洩的群體心理。

其實，這種情緒早在中國經濟剛進入起飛階段時，就已經在中國民間出現，一九九〇年代中期，這種高調的民族主

義思潮就已經登臺亮相。他們鼓吹中國要在世界上「持劍經商」，他們提出，「我們要在世界上管理比現在大得多的資源，經濟上進行管理，政治上進行指導，我們要領導這個世界」，「未來的資源分配：誰厲害誰說了算」。

這些高調派把「和平共處」，看作是「書生之談」與「誤國之論」。在他們看來，人類不是和諧相處的「命運共同體」，而是「有你無我」，「你死我活」。

某些書強調的是「你流氓，我也流氓」的馬基雅維利主義，為達到自以為「崇高」的目標，可以採取不擇手段的一切辦法。有的宣揚虛驕的民族主義小書，在短時期內發行了數百萬冊，受到相當一部分青年讀者的熱烈追捧。歷史悲情所具有的情感性與熱情性，像一把乾柴，很容易在國人中被煽動起來。

作為一個曾經因自己歷史而自豪的大國，後來受到歷史上的屈辱，再後來又在短時期內強大起來，要特別警惕傳統觀念的消極影響。我們必須謙虛冷靜地意識到，中華民族身上的消極性，對於我們的判斷與選擇會形成干擾。事實上，從人類文明的歷史上看，社會上的非理性情緒，在任何時代，任何國家，都會對人們的歷史選擇產生巨大的影響。

「毋大而肆，毋富而驕，毋眾而囂」：從傳統中汲取智慧

值得一提的是，較之秦至清末大一統時代的「天下秩序」理念，大一統之前的「國際秩序」理念，卻有助於防範與抑制虛驕的民族主義。

春秋戰國時代是一個類似於各國平等競爭的「類國際秩序」的時代。那時的先人還不曾受到秦漢帝國大一統以後的「天下秩序」的支配，人們反而能夠更清醒地意識到，諸國林立的環境中自己的客觀處境。例如，中山國的王陵遺址中發現的，在鐘鼎文中銘刻的一則國王給對太子的臨終遺言，就具有高度的經驗智慧：

> 「毋大而肆，毋富而驕，毋眾而囂。」

這種古典「中國理念」，如果能被我們汲取，就能豐富我們與外部世界打交道的集體經驗。讓我們從古人的經驗教訓中汲取智慧，克服高調、激昂、亢奮、虛驕的民族主義，在文明互鑑中，走向成熟。

在民族陷於困境與危機中時，我們不能沉湎於悲情的民族主義，用感情代替理性。當民族走向強盛時，我們也不能受虛驕心態的支配。只有善於從歷史中獲得經驗智慧的民族，才會真正成熟。

　　一個真正具有文化自信的民族，在文化心態上，應該是雍容大度、坦然從容的。一個成熟的民族的真正自信，表現為理性內斂，因為我們有足夠的力量來保護自己的利益，也有足夠的氣度與胸襟，來迎接全球化過程中的任何挑戰。

　　如果我們不能從歷史中獲得教訓，我們注定會重犯歷史上的錯誤。尊重常識，尊重多元，理性中道，寬厚包容，秉持人同此心、心同此理，用善意對待鄰居與世界，走出盲目自信的失誤。在與世界各國人民共同締造命運共同體的過程中，我們這個民族有著更為美好的未來。

後記

一九八〇年代初期，我正在南京大學歷史系讀研究生，學的專業是元代歷史。那時頭腦中儘是「碩德八剌」、「愛育黎拔力八達」、「也孫帖木兒」之類的彆扭古怪的蒙古皇帝名字，我絕沒有想到自己的處女作是一本研究近代中西文化衝突的著作。儘管我從小酷愛歷史，但卻很少涉獵中國近代史。甚至可以說，長期以來，我對這一段苦難的歷史記錄，始終抱有一種潛意識的厭惡感。

記得那是在國中上近代史課的時候，老師講到第二次鴉片戰爭中，洋鬼子火燒圓明園、屠殺中國老百姓的情景，我當時曾滿懷憤恨地想：假如那時我們中國人有重機槍，多好！也許，正是不願太多地經受那種情緒上的刺激，我很少去讀中國近代史的書（儘管這類書籍很多）。這一方面知識的貧乏，對於一個歷史系研究生來說，實在是很不相稱的。現在想來，無論是國中時期那種用機關槍向洋鬼子掃射的幻想，還是潛意識中對中國近代史的厭惡，大概都可以算是一些不自覺的心理自衛手段。直到後來，我在寫作此書時，接觸到一些關於深層心理學的理論和方法，才發現這種憤無所洩的情緒體驗和心理活動，與近代中國人的種種心理表現，居然還多少有些相似之處。

後記

　　促使我踏入中國近代史研究領域的一個念頭，是在講授中國古代史課程的過程中產生的。那是一九八四年六月，當時，我正為大學生講授清前期史那一段。在講課時，我頭腦中閃過一個問題：龔自珍在嘉慶二十年（西元一八一五年）所揭示的清代士大夫在專制高壓下的思想消沉和麻木，將在多大程度上影響中國應付近代西方挑戰的反應能力？中國近代連續不斷的挫折、失敗和屈辱，在多大程度上與這種僵滯文化的反應遲鈍有關？這顯然是一個新的觀察歷史的角度。以往大量出版的中國近代史教科書和專著的基本主題，大致而言，是「侵略與反侵略」、「壓迫與反壓迫」這兩條線索的交叉。幾乎很少有人從中國傳統文化本身應付外部刺激的能力上展開分析。而這一分析角度，對於正面臨新外部衝擊的二十世紀 80 年代的中國人來說，顯然會提供更豐富的啟示。那種過於簡化了的「侵略－反侵略」的分析構架，似乎很難涵蓋近代中國的傳統文化與西方工業文化衝突的複雜內容，也很難表達同一歷史現象的多義性，這種分析範式甚至還使人們削足適履地把中國近代抱殘守缺的保守主義當作愛國主義來讚頌（這種學術傾向實際上我們屢見不鮮）。實際上，也會無意中助長現實生活中閉關鎖國的價值觀。

　　一旦上述研究設想油然而生，就激起我躍躍欲試的探索願望。我甚至放棄了已經開始動筆的元代政治史寫作計畫，進入了這個過去完全陌生的研究領域。從一九八四年暑假開

始，我每天騎腳踏車去上海圖書館古籍部閱讀近代史料。

不久，我偶爾查閱到一部對我以後寫作本書有重要影響的史料，那是迄今為止很少為人們引用的《柔遠新書》。該書是光緒初年由一批正統派士大夫編纂的，內容是申論如何應付西方列強侵略的問題。柔遠者，懷柔安撫遠夷之意也。書名本身已經透露出這些深受民族屈辱與挫折的士大夫們執著的自我中心的文化心理和信念。這些正統派人士對中國當時面臨的外部危機所抱的荒謬見解，使我大為震驚。這批包括乾嘉大師俞樾在內的知識界菁英人物，竟然斷言，洋人在鴉片戰爭後入侵中國，是因為上天「可憐」這批不開化的「蠻夷」，故讓他們發明船舶機械，使他們得以遠渡重洋，前來中國薰沐禮樂教化。這些「泛教化論」者還樂觀地預言，不出百年，全球九萬里，將是「一道同風、盡遵聖教」的世界，「天下一家，中國一人之盛，必在我朝無疑」──這就是他們對未來時局的基本猜想。

在此以前，我絕沒有料到，這批被人尊崇為「士林華選」的儒家學者們，居然對深重的民族危機抱有如此顛倒的認識。這自然進一步引起我思考一個問題：產生這種荒誕見解的認知心理機制是什麼？西方文化的衝擊和殖民主義入侵的種種資訊，在這批士大夫的大腦思維中，經由什麼樣的處理，竟會導致這種荒誕錯亂的判斷？

　　隨著史料閱讀範圍的進一步擴大，我每天幾乎總可以發現過去不曾意料到的新問題。例如，為什麼連戈登這樣的人物，也會認為，「中國人是一個奇怪的民族，他們對一切變革都很冷漠」。在他看來，在他所認識的中國人中，唯有李鴻章，才有一點改革的願望。又比方說，同時代的日本，把自己最優秀的青年送到歐洲去學習，這些青年返回國家以後，幾乎都成了推行明治維新的先驅人物。而當時的中國政府，只是在英國公使再三建議、敦請之下，才勉強派出一個庸碌無能的退休知府，作為官方代表前往英倫考察。而正是一個人物，由於討厭蒸汽機的轟鳴，竟半途中止了前往美國的旅行，返回中國。按康有為的說法，這個庸人幾乎沒有給當時的中國人帶來任何有價值的消息。自鴉片戰爭到庚子國變的六十年裡，中國並不缺乏了解外部世界的機會，為什麼連已經得到的機會都被當時的士大夫官紳們莫名其妙地放棄？我還從《郭嵩燾日記》中得知這樣一件事：當外國人對中國所派出的外交人員素質之低劣迷惑不解時，中國總理衙門的負責官員對此的回答竟是「老馬識途」，以至於外國人反唇相譏：「這些人根本不是識途老馬，而是害群之馬！」

　　我們出版了那麼多近代史的著作和教材，這些論著對我們理解那個動盪的時代無疑具有重要的價值，但是，它們似乎很少涉及這方面的歷史事實，而這類事實，對於面對新西

方挑戰的當代中國人，無疑又具有重要的史鑑意義。我越來越感覺到這一新觀察角度的重要性。

隨著閱讀史料的增加，我腦海中展現出中西文化近代衝突的一幅幅畫面。其中有尚處於渾渾噩噩的士大夫中的少數先覺者的孤獨和不祥的預感；國粹派外交官冥頑的自信和樂觀；清流黨人的高談闊論和涕泗交頤的焦灼心態；洋務派官僚似乎總是那樣欲言又止，左顧右盼；當然，還有庚子國變中飽嘗屈辱冤抑的民眾對於天兵神將下凡的憧憬和幻覺……從閱讀史料過程中獲得的種種資訊以及由此引申出來的感覺、直覺和片段的論點，一開始自然是無系統的，彼此無關聯的，如散點一樣，分布在大腦記憶的庫存中。漸漸地，這些「遊兵散勇」經由一些學科方法的組織處理，終於逐漸結合起來。例如，第二章的內容是分析正統士大夫的群體認知心理的，瑞士心理學家皮亞傑的認知發展理論原理，日本比較思想史學者中村元有關思維方式（the way of thinking）的概念，以及語義分析的研究方法，對我認識與考察中國士大夫對西學的認知心理障礙，均提供了有益的啟示。

在研究過程中，我碰到的最大難題，是一直無法成功地解釋一個歷史文化現象：即對於相當大多數的正統士大夫來說，由於他們受傳統自我中心的文化心理定勢的影響，對西方工業文明，固然一開始即抱著一種偏執傲慢的排外主義態

度，然而，奇怪的是，為什麼他們在冷峻現實中屢遭屈辱和碰壁之後，沒有改弦更張，相反，挫折和屈辱感在正統士大夫中卻不斷激發出一種更為情緒化的、盲目的、非理性的排外心理？換言之，為什麼一種由認知心理機制支配的理性層次的排外心理，在碰壁之後，反而畸變為一種非理性層次的排外心理定勢？我發現，日本的開港國策，以及不失時機的仿效西方先進技術與制度，結果產生了一種不斷趨向更為開放的社會心態的良性循環，而中國在應付西方挑戰的歷程中，正統士大夫們走的恰恰是與此相反的心理歷程，即文化上的保守心態導致的應付西方挑戰的失敗，反過來又進一步刺激出一種更為情緒化的保守心理。如此惡性循環，直至達到庚子國變和義和團運動這種畸形的反抗形式。這又是為什麼？

這個難題，幾乎成了能否寫出這本書的關鍵所在。它也是近代儒家文化的困境之所以成為困境的關鍵所在。在整整好幾個月裡，我嘗試用各種假設來解釋這一現象，但都沒有獲得成功。例如，我曾試圖用邏輯推導的方法，往往經過複雜的、多環節的、復合三段論的推論，似乎回答了這個問題，可是第二天早上醒來時才發現，這種純粹的邏輯推論只不過是一場徒勞的循環論證。我原先想論證的結論不知不覺變成了論證的出發點。我幾乎絞盡腦汁，不得其解。

一個偶然的機會，我從書店裡購來一本新出版的《心理學辭典》，由於我習慣於利用新概念術語來進行側向思維，便信手閱讀起來。在該詞典中，「心理自衛機制」這一術語引起了我的興趣，這一術語告訴我們，當人們在現實中產生的屈辱和挫折感無法經由正常的、合理的方式疏導、宣洩時，為了擺脫這種焦躁心理對人的精神身體的不良刺激，往往會不自覺地把導致心理挫折的客觀現實，重新加以主觀的、一廂情願的「理解」和改變，以減輕精神上的苦痛，以此來維繫心理上的平衡。這一心理學概念給予我巨大的啟示，使我獲得了理解正統士大夫在經受失敗、屈辱刺激之後，由於缺乏合理疏導而向情緒化的排外主義轉變的祕密。換言之，當人們越是在下意識中求助於心理防禦機制作為擺脫精神折磨的手段時，人們思想中對客觀現實不自覺的悖離和扭曲也就越為嚴重。這種透過不自覺地悖離客觀現實，來尋求心理安慰和平衡的心理畸變，正是理解庚子國變和義和團運動中群體性變態心理的鑰匙。而這一論證環節的突破，也為對庚子國變中的上層頑固派、中層的清議派士大夫與下層民眾在心理防禦這一點上的心理共容性的考察，提供了必要的前提。

　　這裡，值得一提的是運用多種邊緣學科方法對一個複雜的課題的不同側面進行研究的必要性。要研究近代中國正統士大夫對西方挑戰作出的反應，必然牽涉到文化心理、認知

心理、社會心理的不同層次和不同側面。原來我們所熟悉的一些研究方法、術語、手段，顯然就不夠用了，這就要求研究者不但要充分掌握相關的史料資訊，而且還必須運用文化心理學、認知心理學和社會心理學的相關理論和方法，分別對不同層次的文化現象進行研究。例如，除了前面提到的皮亞傑的認知發展理論方法對我的啟發外，佛洛伊德關於歇斯底里病理機制的研究理論，對我研究庚子國變時期類似催眠狀態的群體變態心理，提供了某些啟示。又例如，大眾傳播學的「頑固的受傳者」的理論，對我研究天津教案中有關洋教士「挖肝剖心」、「制長生藥」的謠傳迅速傳播的原因，提供了研究的門徑。

以上各種冷門學科方法都絕不是萬能的，人們不應指望運用這些具體的研究方法應付所有的問題，但是，針對同一個歷史文化現象的各個具體側面，它們卻可以發揮自己特殊的功效，在某種意義上，本書是借助於各種邊緣學科的方法來理解複雜現象的一次初步嘗試。

也許，人生再也沒有比經過長時間的醞釀之後伏案疾書更令人快意的事了。這種寫作體驗固然並不常有，但一旦經歷過，將使你終生難忘。我清楚地記得寫作最後一章時的情景。那是一九八五年八月的一個夜晚。經過長期的思索和探求，頭腦中有關庚子國變的各種論點和資訊，儘管彼此缺乏有機連繫，但卻處於高度的活化狀態。也許是我偶然觸及到

一條最佳思路，於是，我思如泉湧，各種論據、論點，史料資訊，在這條思路的組織下，幾乎是爭先恐後地從大腦記憶庫中向筆端湧去。一幅幅庚子國變的巨大歷史畫面，在我的腦海中展現開來。我彷彿聽到一九〇〇年的義民們在戰場上大無畏的衝殺聲與權貴們在密室中竊竊自喜的喁語交織在一起；我彷彿聽到洋兵們來復槍、加農炮的轟鳴，義和團大師兄唸唸有詞的咒語，中國嬰孩的啼哭聲和被拋入火中的英國婦女的號叫聲交織在一起。在那仲夏的日子裡，不同階級的希望、憤怒、詛咒、歡樂與苦痛不可分割地匯合在一股清濁混雜的社會思潮的巨流之中……由於創造的緊張和亢奮，由於害怕那些源源而來的、清晰的思緒可能因為來不及被記錄下來而轉瞬即逝，我握筆的手微微顫抖著，幾乎暫時忘記了四周的一切。我記得那天從晚上八點一直伏案寫到次日凌晨五點，幾乎沒有休息片刻，一萬多字就這樣寫了出來。當我停筆時，才聽到寂靜的弄堂裡傳來趕早班的人們急促的腳步聲和工人使用鐵鏟時發出的響聲……我不知道這種體驗是不是人們所說的靈感。也許，它還不配稱為靈感。但我相信，這是人生少有的充滿歡樂熱情的時刻。至少在我看來，人生的其他幸福很少能有和它相比的。也許，被壓抑的憤怒感和困惑感，以及長期以來難以擺脫的苦思，經由這種對傳統文化消極面的理性解剖，從而得到了解脫。

在一九八〇年代,把歷史學選擇為自己終生職業的人是幸運的,因為我們正處於一個大轉折時代,新舊的交替和重疊,使人們頭腦充滿太多的困惑,人們要求從歷史的反思中獲得前進的智慧、經驗和信念。而歷史學者恰恰具有兩把神奇的金鑰匙,去滿足時代的上述要求。一方面,他可以用自己的現實生活經驗和智慧的鑰匙,去開啟歷史迷宮的大鎖。這一點,正如法國現代傑出的歷史學家馬爾克·布洛赫(Marc Bloch)曾經說過的那樣:「歷史學家的匠心和才能,是對活著的事物的理解能力。」另一方面,又正是歷史學家,運用從歷史反思中獲得的智慧的鑰匙,去揭示現實矛盾的祕密。人們在變革時代面臨的種種現實困難和癥結,也只有透過追溯它們的歷史淵源才能理解和認識。因此,我們說,一方面,人體解剖是猴體解剖的鑰匙,另一方面,猴體解剖又是人體解剖的鑰匙。我有時想:正是歷史學者,而不是別人,不是文學家、藝術家,也不是哲學家,才能同時擁有這兩把神奇的鑰匙。正是他們,以這種雙向的思維回饋,作為自己的基本研究方法,並以此來為社會造福。當然,我這裡指的是在變革時代那些懷著社會使命感而去求索的歷史學者。

對我們這個古老的民族來說,歷史固然是過分沉重的負擔,但它同時也是增長我們民族智慧的取之不盡的資源。歷史給人以智慧,但必須經由歷史學家那雙敏銳的眼睛。我記

得契訶夫（Anton Pavlovich Chekhov）講過這樣一段話：「作家對於生活的感受，應當如同一隻年輕的獵狗，始終那麼好奇，那麼嗅覺敏銳，那麼容易激動，那麼窮追不捨。」歷史學者對於歷史不也同樣如此嗎？難道不正是憑藉著他那雙在實際生活中經受考驗的眼睛 —— 那雙曾經充滿淚花，充滿憂慮、辛酸，如今又充滿信念和憧憬的眼睛 —— 去審視歷史的嗎？不正是經由這雙眼睛，透過黑洞洞的歷史之窗，去發現對當代人具有示警意義的東西的嗎？固然，在歷史學者的書桌上，堆滿了發黃的舊書，他們的工作，有時也十分枯燥，但是，正是經由他們，浩如煙海的史料才不斷向人們顯示出嶄新的意義。正是他們，與古人進行著無聲的對話，向歷史發出詰問。歷史學家，是人類命運和自己民族命運的職業觀察家，他比別人更了解自己民族的苦難以及我們民族為求得新生而付出的巨大犧牲，所以，他更珍惜今天，也更嚮往未來。他比別人更冷靜、更清醒、更深沉。

也許因為我太熱愛自己選擇的職業了，也許因為我從研究和探索過程本身獲得了無窮的歡悅。與前幾代中國人相比，我們更為幸運。因為，我們的方向是明確的，道路是看得見的。

電子書購買

爽讀 APP

國家圖書館出版品預行編目資料

儒家文化的困境，近代士大夫與中西文化的碰撞：洋務派 VS 清議派，學習西方事物就是漢奸！歷史學家蕭功秦談「中國」停滯不前的根由 / 蕭功秦 著 . -- 第一版 . -- 臺北市：崧燁文化事業有限公司 , 2023.10
面；　公分
POD 版
ISBN 978-626-357-667-4(平裝)
1.CST: 知識分子 2.CST: 文化研究 3.CST: 中國史
546.1135　112014960

儒家文化的困境，近代士大夫與中西文化的碰撞：洋務派 VS 清議派，學習西方事物就是漢奸！歷史學家蕭功秦談「中國」停滯不前的根由

臉書

作　　　者：蕭功秦
發 行 人：黃振庭
出 版 者：崧燁文化事業有限公司
發 行 者：崧燁文化事業有限公司
E - m a i l：sonbookservice@gmail.com
粉 絲 頁：https://www.facebook.com/sonbookss/
網　　　址：https://sonbook.net/
地　　　址：台北市中正區重慶南路一段六十一號八樓 815 室
Rm. 815, 8F., No.61, Sec. 1, Chongqing S. Rd., Zhongzheng Dist., Taipei City 100, Taiwan
電　　　話：(02)2370-3310　　傳　　　真：(02) 2388-1990
印　　　刷：京峯數位服務有限公司
律師顧問：廣華律師事務所 張珮琦律師

定　　　價：375 元
發行日期：2023 年 10 月第一版
◎本書以 POD 印製
Design Assets from Freepik.com